Elisabeth Mittnacht

Neue Advents- und Weihnachtsfeiern mit Senioren

HERDER
GEMEINDEPRAXIS

Elisabeth Mittnacht

Neue Advents- und Weihnachtsfeiern mit Senioren

Gestaltungsideen und Vorlagen

Mit CD-ROM

HERDER

FREIBURG · BASEL · WIEN

© Verlag Herder GmbH, Freiburg im Breisgau 2013
Alle Rechte vorbehalten
www.herder.de

Umschlaggestaltung: Verlag Herder
Umschlagmotiv: © tinlinx – Fotolia.com

Satz- und CD-ROM-Gestaltung: SatzWeise, Föhren
Herstellung: fgb · freiburger graphische betriebe
www.fgb.de

Printed in Germany

ISBN 978-3-451-31163-5

Inhalt

Weihnachtsfeiern

Materialsammlung

Vorwort

Im vergangenen Advent habe ich Frau S., eine Dame von über 80 Jahren, besucht. Aufgrund ihrer körperlichen Gebrechen konnte sie ihre Wohnung nicht mehr verlassen. Gemeinsam haben wir in ihrem kleinen Wohnzimmer, das viele Erinnerungen und Andenken an vergangene Tage birgt, Krankenkommunion gefeiert. Wir haben eine Schriftlesung gehört, zusammen gebetet und die Lieblings-Adventslieder von Frau S. angestimmt. Wie immer kamen wir danach noch ein wenig ins Plaudern. Frau S. verabschiedete mich an diesem Tag mit folgenden Worten: »Schön, dass Sie da waren – für mich war das heute schon Weihnachten.«
Bei der Erarbeitung der Gestaltungsvorschläge für die Advents- und Weihnachtsfeiern für Senioren hat mich die Erinnerung an diese kleine Begebenheit aus meinem Arbeitsalltag begleitet. Und ich denke, genau darum muss es gehen, wenn wir uns in den Tagen im Advent und in der Weihnachtszeit treffen, um gemeinsam Zeit zu verbringen: Den Menschen Advent, die Ankunft Gottes, in ihrem Leben und Alltag zu ermöglichen. Bekannte Lieder, Schrifttexte, Gebete, Brauchtum und Traditionen können helfen, dass das gelingt.

Ich freue mich, wenn die vorliegenden Gestaltungsvorschläge für alle Beteiligten Hilfe und Beitrag sein können, um die Menschwerdung Gottes in den Advents- und Weihnachtstagen zu erleben. Mein Dank gilt allen Senioren und Seniorinnen, die mit mir gemeinsam schon Advents- und Weihnachtsfeiern gestaltet und erlebt haben.

Elisabeth Mittnacht

Wichtige Aspekte für Vorbereitung und Gestaltung

Eine Advents- oder Weihnachtsfeier mit Senioren will gut vorbereitet sein. Das gilt aber nicht nur für die inhaltliche Gestaltung. Worauf man bei der Vorbereitung von Aktivitäten mit Menschen im fortgeschrittenen Alter zu achten hat, dazu hier ein paar Hinweise:

- Schlechte Witterung (Schnee und Eis) und früh hereinbrechende Dunkelheit können für Senioren Hindernisse sein, an Veranstaltungen in den Wintermonaten teilzunehmen. Dies sollte bei der Vorbereitung und Planung mitberücksichtigt werden (Zeitpunkt, evtl. Fahrdienst einrichten).
- Die Bestuhlung sollte so gewählt werden, dass Gespräche auch für Menschen mit nachlassendem Hörvermögen gut möglich sind (also keine zu großen Tischgruppen oder Sitzplätze, die weit voneinander entfernt sind).
- Bei einer evtl. Bewirtung sollten Diabetiker und Menschen mit Laktose-Intoleranz berücksichtigt werden.
- Der Veranstaltungsort und auch die Toiletten sollten gut zugänglich sein (insbesondere für Menschen mit Gehbehinderungen).
- Liedzettel und Impulse ausreichend groß abdrucken (für Menschen mit nachlassendem Sehvermögen).
- Impulsfragen für Gespräche auf Flipchart oder großes Plakat schreiben (als Erinnerungsstütze).
- Bei viel gesprochenem Text bietet es sich an, dass die einzelnen Abschnitte von unterschiedlichen Lesern vorgetragen werden. So können die Teilnehmer und Teilnehmerinnen die Inhalte leichter aufnehmen.
- Achten Sie auf einen deutlichen und lauten Vortrag (evtl. unter Zuhilfenahme eines Mikrofons) – die Hörleistung nimmt im Alter ab.
- Die Wertschätzung der Heiligen Schrift äußert sich auch in der äußeren Form. Achten Sie daher bitte bei den Schriftlesungen darauf, eine entsprechend schön gestaltete Bibel zu verwenden.
- Ein zwangloser Austausch und Gespräch ist wichtig. Daher bietet es sich an, das Treffen mit einem offiziellen Teil mit ausgearbeitetem Programm zu beginnen und anschließend genug Raum und Zeit für eine lockere und offene Runde bei einer Tasse Kaffee oder Tee zu lassen.

- Die Zeitangaben der einzelnen Modelle sind lediglich ungefähre Richtwerte – die Dauer variiert je nach Gruppengröße, Gesprächsintensität etc.
- Die Modelle können nach Bedarf abgeändert werden.

Adventsfeiern

Ohne Angst teilen

Adventsfeier zum Gedenktag des heiligen Nikolaus (6. Dezember)

Gruppengröße:	Beliebig. Die Teilnehmer/innen sitzen in Tischgruppen zu sechs bis acht Personen zusammen.
Dauer:	Ca. 60 bis 90 Minuten
Chancen:	Die Gestalt des heiligen Nikolaus gehört zu den populärsten Heiligen unserer Tage. Es gibt zwar eine Vielzahl von Legenden über ihn, aber kaum historisch Gesichertes. Ältere Menschen verbinden mit dem heiligen Nikolaus oft wenig positive Kindheitserinnerungen. Früher diente die Gestalt des heiligen Nikolaus oft als Moral- und strenge Erziehungsinstanz, die das Fehlverhalten der Kinder auflistete, mit der Rute drohte und ihnen das Fürchten lehrte. In der Adventsfeier geht es darum, einen positiven Zugang zu diesem Heiligen zu vermitteln und zu erschließen, welche Bedeutung er für unser Leben haben könnte.
Hinweise:	Der Gedenktag des heiligen Nikolaus ist der 6. Dezember. Es bietet sich an, die Adventsfeier in zeitlicher Nähe zu diesem Termin zu feiern.
Materialien:	Als Tischdeko: Papierschiffe auf blauem Tuch und kleine Nikolaus-Figuren aus Holz. Dazu von dickem Rundholz etwa 9 cm lange Stücke absägen. Das obere Ende schräg abschneiden. Auf der Schnittfläche ein Gesicht gestalten (Augen und Mund aufmalen, evtl. kleine Perle als Nase, mit Deckweiß oder auch Watte Bart und Haare gestalten. Mit roter Farbe Mitra und den restlichen Körper bemalen). • Nikolaus-Utensilien (Bischofsstab, Mitra, Goldenes Buch, Rute, Sack). Oft sind diese in Pfarreien bereits vorhanden und können auf Nachfrage entliehen werden. • Stiefel • Für das Falten von Papierschiffchen: buntes DIN A4 Papier (für jeden Teilnehmer mindestens einen Papierbogen) • Gotteslob • Bibel

ca. 9 cm

▩ Begrüßung

Ich begrüße Sie herzlich zu unserer diesjährigen Adventsfeier. Unser adventlicher Nachmittag steht heute ganz im Zeichen des heiligen Nikolaus. Wir wollen mehr von diesem populären Heiligen erfahren, uns über ihn austauschen und uns von seiner Person und seinem Handeln für unseren Alltag inspirieren lassen. Dazu habe ich Ihnen einige Utensilien mitgebracht, die an den heiligen Nikolaus erinnern. Wir werden sie später in Augenschein nehmen.

▩ Hinführung

Austausch in den Tischgruppen:
- Welche Kindheitserinnerungen kommen Ihnen zum heiligen Nikolaus in den Sinn?
- Welche Bräuche und Legenden fallen Ihnen zu diesem Tag ein?

Bei Bedarf können im Anschluss die Bräuche und Legenden im Plenum gesammelt werden.

Erklärungen zu den einzelnen Gegenständen:

Der Bischofsstab und die Mitra erinnern daran, dass der heilige Nikolaus Bischof von Myra war. Der Ort liegt in der heutigen Türkei. Er lebte und wirkte dort im 4. Jahrhundert. Einer Legende nach soll Bischof Nikolaus die drei Töchter eines armen Mannes vor der Prostitution bewahrt haben, in dem er ihnen nachts heimlich Goldklumpen auf das Fensterbrett legte. Aufgrund dieser Legende entwickelte sich ab dem 10. Jahrhundert der sogenannte Einlegebrauch: In der Nacht vom 5. zum 6. Dezember stellen viele Kinder Schuhe oder auch Teller vor die Türe in der Hoffnung, dass Nikolaus auch ihnen gute Gaben zukommen lässt.
Ein bekanntes Lied, das wir nun gemeinsam singen, greift diesen Einlegebrauch auf.

▩ Lied

Lasst uns froh und munter sein

▓ Input

Zur Tradition:

Martin Luther, der kritisch gegenüber aller Heiligenverehrung war, schaffte den Einlegebrauch um 1535 für die evangelischen Christen offiziell ab. Stattdessen führte er die Sitte ein, dass der »Heilige Christ« bzw. das Christkind die Kinder zu Weihnachten beschenkt.

Auf katholischer Seite entwickelte sich als Gegenbewegung hierzu der sogenannte Einkehrbrauch: Eine Person aus dem Umfeld der Familie kommt hierzu am Vorabend des 6. Dezembers im Bischofsornat verkleidet als Nikolaus in die Wohnungen und Häuser. Früher wurde dann das Glaubenswissen der Kinder abgefragt; als Belohnung winkten Süßigkeiten aus dem großen Sack – die Säumigen wurden hingegen verwarnt. Sein Wissen bezog Nikolaus aus einem Goldenen Buch, in dem alle Taten der Kinder aufgeführt waren. Oft wurde Nikolaus von Schreckensgestalten begleitet, die jene Kinder bestraften, die faul oder ungezogen waren. Ab und an wurden die verängstigten Kinder sogar in den Sack gesteckt. Je nach Region wurden die wilden Gesellen Knecht Ruprecht, Krampus oder anders genannt. Von einer solch schwarzen Pädagogik ist man heute zum Glück weitgehend abgekommen.

Der historische Nikolaus:

Bei all den Bräuchen und Legenden lassen sich über den heiligen Nikolaus nur wenig historisch gesicherte Angaben machen. Manche gehen sogar so weit zu sagen, dass der heilige Nikolaus, wie wir ihn seit Kindertagen aus Legenden kennen, eigentlich zwei historische Personen in sich vereint: den Bischof Nikolaus von Myra, einer kleinen Hafenstadt in der Türkei, der im 4. Jahrhundert gelebt hat, und einen gleichnamigen Abt von Sion, der Bischof von Pinora war, und am 10. Dezember 564 in Lykien starb. Aus diesen beiden historischen Personen entwickelte sich ab dem 6. Jahrhundert die Figur des wundertätigen Bischofs von Myra, so wie wir ihn heute kennen. Eine Legende weiß Folgendes zu berichten:

◾ Geschichte

Die Legende vom Kornwunder

Als Nikolaus Bischof von Myra war, herrschte einmal eine große Hungersnot. Weit und breit war keine Nahrung mehr aufzufinden. Die Menschen hatten nichts mehr zu essen – viele starben. Zuerst die Kinder und die Alten und Schwachen. Nikolaus half, wo er konnte und betete inständig zu Gott um Rettung. Eines Tages legten große Schiffe im Hafen von Myra an, die voll mit wertvollem Weizen beladen waren, der dem Kaiser gehörte. Als Bischof Nikolaus davon erfuhr, ging er hin und bat die Seeleute eindringlich, etwas vom geladenen Weizen abzugeben, um die Hungernden der Stadt zu retten. Doch diese antworteten: »Das können wir nicht tun. Das Korn gehört dem Kaiser. Es wurde genau gemessen und wir müssen genau so viel in die Scheunen des Kaisers abgeben, wie wir aufgeladen haben.« Da sprach Nikolaus: »Tut, um was ich euch im Namen Gottes und seines Sohnes Jesus Christus bitte. Ich verspreche euch, dass, wenn ihr den Menschen hier helft, am Ende kein Korn eurer Ladung fehlen wird.«
Die Seeleute gaben dem Drängen von Nikolaus nach und zeichneten, um sicherzugehen, an die Außenwand des Schiffes einen dicken weißen Strich, dort, wo das Wasser stand. »Solange das Schiff nicht an Gewicht abnimmt, könnt ihr Korn abladen«, sagte der Kapitän. Die Menschen von Myra strömten herbei und füllten Körbe, Säcke und Beutel. Das Schiff aber wurde nicht leichter.

Als es später in seinem Bestimmungshafen anlegte und das Getreide von den kaiserlichen Aufsehern gewogen und abgemessen wurde, fehlte tatsächlich nicht die geringste Menge an Korn. Da erzählten die Seeleute froh von ihrem Erlebnis in Myra und priesen öffentlich das Wunder, das ihnen widerfahren war. Unterdessen sorgte Bischof Nikolaus dafür, dass das Korn gerecht unter den Menschen verteilt wurde. Das wenige Korn reichte der Legende nach dafür, die Menschen zwei Jahre zu ernähren und darüber hinaus blieb noch genug zur Aussaat übrig.

Erzählt nach der Legenda aurea, 13. Jahrhundert.

■ Aktion

Aus Papier werden Papierschiffe gefaltet.
Die Teilnehmer und Teilnehmerinnen falten aus großen Zetteln (DIN A4) Papier-
schiffe. Je nach Gruppenzusammensetzung und Bedarf können die Papierschiffe
auch bereits vorab gefaltet werden.

■ Impuls

Zur Einzelbesinnung:

Der Legende nach nahm das Getreide auf den Schiffen nicht ab, obwohl es an
die Menschen von Myra verteilt wurde.
- Was meinen Sie, gibt es etwas, wovon Sie genug haben? Wovon Sie anderen
  Menschen abgeben können, ohne dass es weniger wird?

Teilnehmer und Teilnehmerinnen nennen reihum das Stichwort, das sie auf das
Papierschiff geschrieben haben, und legen es dann in die Mitte auf das blaue
Tuch.

■ Lied

Es kommt ein Schiff, geladen (GL 236, Strophen 1 bis 4)

■ Gebet

Treuer Gott, schenke uns ein weites Herz,
das keine Angst hat,
Anderen vom Reichtum abzugeben,
den wir selbst empfangen haben.
Mach uns bereit,
die Not unserer Mitmenschen zu sehen
und wie der heilige Nikolaus einzutreten
für eine gerechtere Welt.
Darum bitten wir durch Jesus Christus,
unseren Bruder und Herrn.
A: Amen.

■ Abschied

Jeder darf in Erinnerung an diesen Nachmittag ein Papierschiff mit nach Hause
nehmen.

■ Alternativvorschlag

Sie laden den Nikolaus zur Adventsfeier ein. Aber nicht vergessen: Der »echte«
Nikolaus trägt eine Bischofsmütze, die Mitra, und hält den Bischofsstab in der
Hand.

Da haben die Dornen Rosen getragen

Adventsfeier zum Lied »Maria durch ein Dornwald ging«

Gruppengröße:	Beliebig.
Dauer:	Ca. 40 bis 60 Minuten
Chancen:	Das Lied »Maria durch ein Dornwald ging« knüpft inhaltlich gut an das Fest der Unbefleckten Empfängnis Mariens an, das am 8. Dezember gefeiert wird, und kann deshalb in zeitlicher Nähe zum Fest bei einer Seniorenadventsfeier aufgegriffen werden.
Hinweise:	Für diese adventliche Besinnung eignet sich ein Stuhlkreis mit einer gestalteten Mitte (blaues Tuch mit weißer Kerze und einem Strauß aus Rosen – dazu eine schön gestaltete Bibel). Vor jedem Stuhl liegt ein Zweig mit Dornen (zum Beispiel von Hagebuttensträuchern). Alternativ können Tischgruppen mit Rosensträußen dekoriert sein und an jedem Platz ein Dornenzweig ausgelegt werden.
Materialien:	• CD-Player und CD mit dem Lied »Maria durch ein Dornwald ging« • Bibel • Kerze • Großes Tuch für die Mitte (wenn möglich in Blau – steht für Maria) • Äste mit Dornen (z. B. von Hagebuttensträuchern) – für jeden Teilnehmer eine Rose

Begrüßung und Hinführung zum Thema des Nachmittags

Mit einem Dornenzweig und einer Rose in der Hand begrüße ich Sie herzlich zu unserer Adventsfeier. Beides ist bereits ein Hinweis auf das Thema unseres heutigen Nachmittags. Das Adventslied »Maria durch ein Dornwald ging« wird uns heute bei unserer Adventsfeier inhaltlich begleiten. Hören wir es zunächst in der Fassung von … (Interpreten) an.

Lied

Maria durch ein Dornwald ging (als Wallfahrtslied Mitte des 19. Jahrhunderts im Eichsfeld und Bistum Paderborn verbreitet, heutige Fassung durch »Zupfgeigenhansl« verbreitet, 1912) – von CD-Spieler eingespielt.

2. Was trug Maria unterm Herzen?
    Kyrie eleison!
    Ein kleines Kindlein ohne Schmerzen,
    das trug Maria unter ihrem Herzen.
    Jesus und Maria.

3. Da haben die Dornen Rosen getragen,
    Kyrie eleison,
    als das Kindlein durch den Wald getragen,
    da haben die Dornen Rosen getragen.
    Jesus und Maria.

Erläuterungen zum Lied:

Sie kennen das Lied »Maria durch ein Dornwald ging« sicher als Adventslied. Von seinem Ursprung her ist es jedoch ein Wallfahrtslied, das wohl bereits im 16. Jahrhundert entstand und sich dann im 19. Jahrhundert mündlich vom katholischen Thüringen ausgehend im Bistum Paderborn verbreitete. Die älteste bekannte gedruckte Fassung hat sieben Strophen und findet sich 1850 in der Sammlung geistlicher Lieder von August von Haxthausen und Dietrich Bocholtz-Asseburg.
Durch die Jugendbewegung zu Beginn des 20. Jahrhunderts und dem damit verbundenen Liederbuch *Der Zupfgeigenhansl* gewann das Lied zunehmend an Popularität. Die drei Strophen, die wir gerade gehört haben, erinnern an die Wanderung der schwangeren Maria (sie trägt ein Kind unter ihrem Herzen) zu ihrer Verwandten Elisabeth, wie sie uns im Lukasevangelium berichtet wird. Hören wir die betreffende Bibelstelle, die auch das Tagesevangelium vom Fest der Unbefleckten Empfängnis Mariens ist, das die katholische Kirche am 8. Dezember feiert.

▪ Schriftlesung: Lukas 1, 26–39

In jener Zeit wurde der Engel Gabriel von Gott in eine Stadt in Galiläa namens Nazareth zu einer Jungfrau gesandt. Sie war mit einem Mann namens Josef verlobt, der aus dem Haus David stammte. Der Name der Jungfrau war Maria. Der Engel trat bei ihr ein und sagte: Sei gegrüßt, du Begnadete, der Herr ist mit dir. Sie erschrak über die Anrede und überlegte, was dieser Gruß zu bedeuten habe. Da sagte der Engel zu ihr: Fürchte dich nicht, Maria; denn du hast bei Gott Gnade gefunden. Du wirst ein Kind empfangen, einen Sohn wirst du gebären: Dem sollst du den Namen Jesus geben. Er wird groß sein und Sohn des Höchsten genannt werden. Gott, der Herr, wird ihm den Thron seines Vaters David geben. Er wird über das Haus Jakob in Ewigkeit herrschen und seine Herrschaft wird kein Ende haben.

Maria sagte zu dem Engel: Wie soll das geschehen, da ich keinen Mann erkenne? Der Engel antwortete ihr: Der Heilige Geist wird über dich kommen, und die Kraft des Höchsten wird dich überschatten. Deshalb wird auch das Kind heilig und Sohn Gottes genannt werden. Auch Elisabet, deine Verwandte, hat noch in ihrem Alter einen Sohn empfangen; obwohl sie als unfruchtbar galt, ist sie jetzt schon im sechsten Monat. Denn für Gott ist nichts unmöglich.

Da sagte Maria: Ich bin die Magd des Herrn; mir geschehe, wie du es gesagt hast. Danach verließ sie der Engel. Nach einigen Tagen machte sich Maria auf den Weg und eilte in eine Stadt im Bergland von Judäa.

■ Lied

Maria durch ein Dornwald ging, Strophen 1–3 (jetzt gesungen)

Erläuterungen zum Lied:

Das Lied ist geprägt vom Motiv des Dornenwalds, der sieben Jahre kein Laub mehr getragen hat. Der abgestorbene Dornenwald ist Sinnbild für Öde, Trostlosigkeit, Hoffnungslosigkeit, ungenutzte Möglichkeiten und Tod. Die Zahl sieben steht für Erfüllung und Vollendung: Denken Sie zum Beispiel an unseren Wochenrhythmus oder an die Schöpfungserzählung, die uns von der Erschaffung der Welt in sieben Tagen berichtet. Denken Sie an den Sabbat, den siebten Tag als den Ruhetag, und an die sieben fetten und mageren Jahre, die sich im Traum des Pharaos in der Josefsgeschichte im Alten Testament angekündigt haben.

▇ Impuls

Ich lade Sie ein, den Dornenzweig, der vor ihnen liegt, in die Hand zu nehmen und sich zu überlegen:

- Gab es oder gibt es in meinem Leben so einen Dornenwald – Sinnbild für Hoffnungslosigkeit, Trostlosigkeit, Verletzungen und ungenutzte Möglichkeiten?

Zur Einzelbesinnung kann noch einmal das Lied »Maria durch ein Dornwald ging« leise eingespielt werden.

Weiterführende Erläuterungen zum Lied:

In jedem Vers des Liedes ertönt der Ruf »Kyrie eleison«. Es ist die griechisch formulierte Bitte nach dem Erbarmen Gottes, der Ruf nach seiner Barmherzigkeit: Herr, erbarme dich! Auch wir wollen das Erbarmen Gottes auf uns, auf die Dornwälder unseres Lebens herabrufen mit dem Lied »O Heiland reiß die Himmel auf«. Auch dieser adventliche Ruf steht für die Bitte um sein Erbarmen.

▇ Aktion

Während des Liedes können die Dornzweige in die Mitte des Tisches bzw. des Stuhlkreises abgelegt werden. Das Lied wird ggf. mehrmals wiederholt.

▇ Lied

O Heiland, reiß die Himmel auf (GL 231, Strophen 1 bis 4)

Weiterführende Erläuterungen zum Lied:

Mitten hinein in die widrigen Umstände, in den abgestorbenen Dornenwald hinein, kündigt sich im Lied »Maria durch ein Dornwald ging« neues Leben an: Maria trägt unter ihrem Herzen ein Kind, man kann auch sagen: Sie ist guter

Hoffnung. Während sie noch im trostlosen Dornwald unterwegs ist, wirkt in ihr schon Gottes Kraft, entsteht neues Leben, zunächst noch kaum sichtbar. Das Lied erinnert uns daran, dass inmitten von Schwerem und Schmerzhaften neues Leben entstehen kann, dass genau dort Gottes Kraft wirksam werden kann. Da haben die Dornen Rosen getragen …

Während Maria mit dem göttlichen Kind vorübergeht, beginnt der Dornwald nach sieben Jahren wieder zu blühen. Es ist die göttliche Verheißung an uns, die Botschaft des Weihnachtsfestes: Gottes Heil kommt in unsere Welt – mitten hinein in unsere Dornenwälder. Wir können die Durststrecken, Leidensphasen und schmerzhaften Erlebnisse nicht umgehen, aber wir dürfen wie Maria guter Hoffnung sein, dass Gott auch hier wirkt und dass am Ende etwas Neues zum Blühen kommt.

▮ Impuls

Für ein Gespräch in Tischgruppen oder im Stuhlkreis mit den Sitznachbarn:

Erinnern Sie sich an Momente in ihrem Leben, in denen Sie nach einer langen Durstrecke wieder Gottes Kraft gespürt haben und erneut zu hoffen wagten, Momente, in denen Licht am Ende des Tunnels erschien.
- Tauschen Sie sich mit ihrem Tisch-/Sitznachbarn darüber aus.

▮ Abschied

Der dänische Theologe und Philosoph Sören Kierkegaard soll einmal gesagt haben: »Schwanger sein heißt, guter Hoffnung sein und hoffen heißt, die Möglichkeit des Guten erwarten.« Dieser Satz kann auch für die schwangere Maria aus dem Lied »Maria durch ein Dornwald ging« stehen. Im Advent dürfen wir als Christen alle guter Hoffnung sein und die Möglichkeit des Guten, Gottes Erbarmen, in unserer Welt, in unserem Alltag, in unseren Dornwäldern erhoffen.

▨ Gebet

Lasset uns beten.
Gott, lass uns Menschen guter Hoffnung sein.
Menschen, die die Möglichkeit des Guten in ihrem Leben erwarten.
Menschen, die mit deinem Erbarmen rechnen und dir Raum zum Wirken geben.
Lass uns darauf vertrauen,
dass selbst aus Wüste und Öde neues Leben entstehen kann.
Darum bitten wir dich, Jesus Christus, unseren Bruder und Herrn.
A: Amen.

Als Zeichen dieser adventlichen Hoffnung lade ich Sie am Ende ein, sich eine Rose mit nach Hause zu nehmen.

Ein Stall, eine Krippe, eine Wiege aus Stroh

Adventsfeier zur Menschwerdung Gottes in einem Stall

Gruppengröße:	Beliebig.
Dauer:	Ca. 40 bis 60 Minuten
Chancen:	Die Menschwerdung Gottes findet in einem Stall statt – bei all den lieblichen Krippendarstellungen, rührseligen Weihnachtsliedern und -geschichten vergessen wir oft die Realität dieses Ortes: ein schmutziger Flecken Erde, an dem es sicher nicht angenehm roch. Welche Konsequenz können wir daraus für unser Leben ziehen? Viele ältere Menschen sind Kinder des Zweiten Weltkrieges, d. h. sie wurden vielleicht an einem ganz anderen Ort oder sogar auf der Flucht geboren. Ein Start ins Leben unter widrigen Bedingungen.
Hinweise:	Für diese adventliche Besinnung eignet sich ein Stuhlkreis mit einer gestalteten Mitte (Tuch mit Adventskranz, Futterkrippe, schön gestaltete Bibel) – auf jedem Stuhl liegen ein Gotteslob, die entsprechenden Zettel mit Liedern und Texten sowie ein leerer Zettel und ein Stift bereit. Zudem liegt unter jedem Stuhl ein Strohhalm.
Materialien:	• Gotteslob für jeden Teilnehmer • Liedzettel (Ein Stall, eine Krippe, eine Wiege aus Stroh) • Zettel mit Adventsruf (Gebet) • Futterkrippe (evtl. im Inventar der Kirchengemeinde für Krippenspiele vorhanden) • Stroh • Bibel • Adventskranz • Zettel und Stifte • CD-Player und ruhige Instrumentalmusik

Begrüßung

In den Tagen des Advents bereiten wir uns auf die Menschwerdung Gottes vor. In dieser Adventsfeier wollen wir uns Zeit nehmen, um uns zu besinnen, damit Gott in uns ankommen kann. Unsere Gedanken, Lieder, Gebete und unsere Gemeinschaft stellen wir unter das Zeichen Gottes, des Vaters, des Sohnes und des Heiligen Geistes. (Kreuzzeichen)
A: Amen.

Singen wir gemeinsam:

Lied

Wir sagen euch an, den lieben Advent
(GL 223, Strophen je nach Adventswoche)

Hinführung

Schon heute steht die leere Futterkrippe in unserer Mitte. Sie soll uns daran erinnern, dass Gott im Advent auf Herbergssuche ist. Er will unter uns, er will in uns Mensch werden. Wir sollen ihm Raum und Platz in unserem Leben geben, damit er bei uns ankommen kann.
Die Futterkrippe erinnert uns darüber hinaus daran, dass Jesus, der Sohn Gottes, in einem Stall zur Welt kam.

Impuls

Für ein Gespräch in Tischgruppen oder im Stuhlkreis mit den Sitznachbarn:

- Wo bin ich Mensch geworden? Wo bin ich zur Welt gekommen (viele gar nicht hier, manche im Krankenhaus, manche als Hausgeburt zu Hause)? Wie hat mich dieser Ort geprägt? Welche Erinnerungen habe ich daran?

◼ Aktion

Reihum nennen die Teilnehmer und Teilnehmerinnen ihren Geburtsort und legen den Zettel in die Mitte zur Krippe. Nach einigen Nennungen wird jeweils das Lied »Du bist da, wo Menschen leben« als Kehrvers angestimmt und gemeinsam gesungen.

◼ Lied

Du bist da, wo Menschen leben (EH 74, Strophe 1)

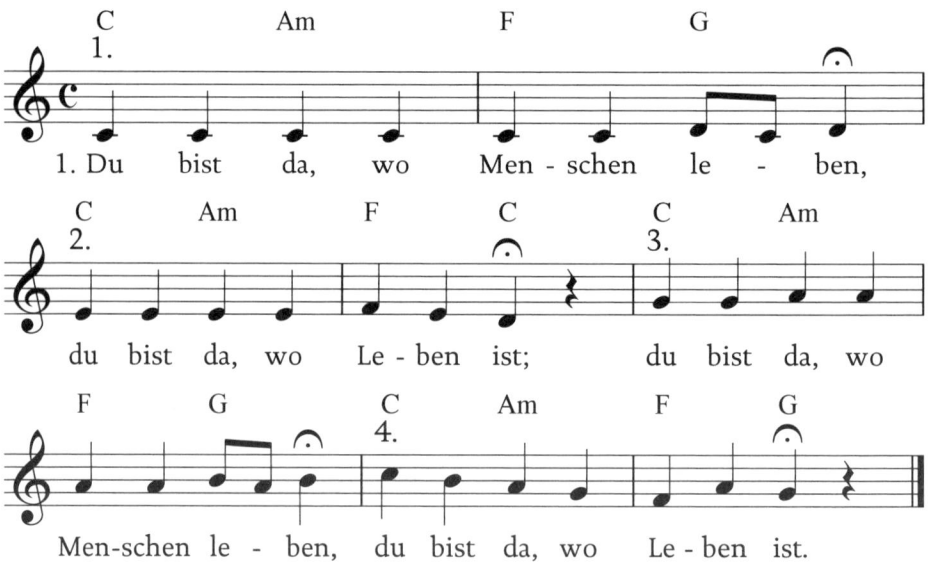

T u. M: Detlev Jöcker, © Menschenkinder Verlag u. Vertrieb GmbH, Münster

◼ Schriftlesung: Lukas 2,1–7

In jenen Tagen erließ Kaiser Augustus den Befehl, alle Bewohner des Reiches in Steuerlisten einzutragen. Dies geschah zum ersten Mal; damals war Quirinius Statthalter von Syrien. Da ging jeder in seine Stadt, um sich eintragen zu lassen. So zog auch Josef von der Stadt Nazareth in Galiläa hinauf nach Judäa in die Stadt Davids, die Betlehem heißt; denn er war aus dem Haus und Geschlecht

Davids. Er wollte sich eintragen lassen mit Maria, seiner Verlobten, die ein Kind erwartete.

Als sie dort waren, kam für Maria die Zeit ihrer Niederkunft, und sie gebar ihren Sohn, den Erstgeborenen. Sie wickelte ihn in Windeln und legte ihn in eine Krippe, weil in der Herberge kein Platz für sie war.

Impuls

Zur Einzelbesinnung:

Die Menschwerdung Gottes findet in einem Stall statt – nicht in einem Palast, nicht einmal in den eigenen vier Wänden. Der Geburtsort Jesu ist sozusagen Vorzeichen für sein weiteres Leben: Er sucht auch später jene Orte und Situationen auf, die, sprichwörtlich gesprochen, »zum Himmel stinken«, wo zum Beispiel das Gesetz über das Wohl der Menschen gestellt wird, wo Krankheiten als Strafen Gottes interpretiert werden, wo der Tod das Leben zerstört.

Gott will auch da, wo es in unserem Leben zum Himmel stinkt, wo nicht alles harmonisch, klar und gut ist, Mensch werden und bei uns ankommen, um uns zu retten. Kennen Sie solche Situationen in ihrem Leben?

Nehmen Sie sich bitte kurz einige Minuten Zeit, um zu überlegen:

- Was ist in meinem Leben gerade ungeordnet und schäbig (wie der Stall in Bethlehem)?
- Wo will Gott in meinem Leben geboren werden?

Aktion

Die Teilnehmer und Teilnehmerinnen werden eingeladen, die Strohhalme, die unter ihren Stühlen liegen, reihum in die Futterkrippe in die Mitte zu legen. Sinnbildlich sollen damit die Situationen, in denen es in unserem Leben »zum Himmel stinkt«, vor Gott gebracht werden *(evtl. mit Instrumentalmusik unterlegt)*.

▉ Lied

Kündet allen in der Not (GL 221, Strophen 1, 2 und 5)

▉ Gebet

Mit dem frühchristlichen aramäischen Ruf Maranatha – unser Herr, komm! – wollen wir Gott in die Situationen unseres Lebens hineinrufen, in denen wir seiner heilenden Gegenwart und Rettung bedürfen. Beten wir dazu die Abschnitte des ausgeteilten Adventsrufes im Wechsel:

Komm, Herr,
in die Dunkelheit der Welt
und bringe Licht.
Vertreibe die Angst,
nimm von uns die Last,
die uns erdrückt.
Komm und werde Licht!
Komm, Herr,
in die Dunkelheit der Welt
und bringe Licht.
Befreie uns mit deinem Licht
von den Irrwegen, die wir gehen.
Komm, wir warten auf dich.
Komm, Herr,
in die Dunkelheit der Welt
und bringe Licht.
Hole uns aus der Kälte und
wärme uns in deinem Licht.
Bleibe bei uns und schenke uns deine Liebe.
Komm, Herr,
in die Dunkelheit der Welt
und bringe Licht.

Beende die Einsamkeit in uns
und erfülle uns mit deiner Nähe.
Dein Licht werde zum Heil des Lebens.
A: Amen.

▮ Segen

Tau von oben

Der Herr segne uns
und schenke uns langen Atem in dieser Zeit,
da alle rennen, alle drängen …
Er lasse uns die Ruhe finden,
die wir brauchen, um ihm zu begegnen,
damit wir nicht vergeblich warten auf den,
der kommen will.
Er lasse den Tau des Gerechten
auf uns herabkommen,
damit unsere Hoffnung auf Gott wachsen
und unser müder Glaube sich erfrischen kann.

Er schenke uns das Vertrauen,
dass er wirklich kommt – zu uns –
und wir ihn sehen,
so wie er ist:
als Gott, der uns liebt,
wie kein Mensch es vermag,
und der an uns denkt seit dem Tag,
da wir geboren:
der Vater und der Sohn und der Heilige Geist.
A: Amen.

Herbert Jung

■ Lied

Ein Stall, eine Krippe

Ein Stall, ei - ne— Krip-pe, ei-ne Wie-ge mit Stroh be -
rührt uns - re Her-zen ad - vent-lich und froh! Ein
Stall, ei - ne— Krip-pe, wo die Sehn-sucht auf-bricht: Gott wird
in uns ge - bo - ren, schenkt der Hoff-nung ihr Licht.

Dt. T: Stefan Werner; M: nach »Away in a manger«, W. J. Kirkpatrick, 1895

■ Abschied

Wer mag, kann einen Strohhalm aus der Krippe mit nach Hause nehmen. Er
kann uns in den kommenden adventlichen Tagen daran erinnern, dass Gott auch
in unserem Alltag Mensch werden will.

Licht in der Finsternis

Adventsfeier zum Gedenktag der heiligen Lucia (13. Dezember)

Gruppengröße:	Beliebig.
Dauer:	Ca. 45 bis 60 Minuten
Chancen:	Die heilige Lucia ist in unseren Breiten weniger bekannt. In den skandinavischen Ländern, vor allem in Schweden, findet sich hingegen ein weitverbreitetes Lucien-Brauchtum, das die Symbolik und reale Erfahrung von Licht und Dunkelheit eindrücklich aufgreift.
	Auch in Italien wird Lucia als Volksheilige verehrt. Die Kirche feiert den Gedenktag der heiligen Lucia am 13. Dezember. Es bietet sich also an, die Adventsfeier in zeitlicher Nähe zu diesem Gedenktag zu feiern.
Hinweise:	Für diese adventliche Besinnung eignet sich ein Stuhlkreis mit einer gestalteten Mitte: ein Tuch mit großer brennender Kerze (evtl. Osterkerze), eine Schale mit Weizenkörnern – dazu eine schön gestaltete Bibel.
Materialien:	• Tuch
	• Große Kerze (evtl. Osterkerze)
	• Große Schale mit Weizenkörnern
	• Bibel
	• Für jeden Teilnehmer eine kleine Schale (evtl. Blumenuntersetzer aus Ton) mit Erde
	• Für jeden Teilnehmer eine kleine Kerze (muss in den Untersetzer passen und dabei Platz für Weizensaat lassen)
	• Wachsstifte (für Kerzen) in verschiedenen Farben

Begrüßung und Einführung

Der Versammlungsort wird hierzu abgedunkelt, bis auf die brennende Kerze (evtl. Osterkerze) in der Mitte.

Der Advent lebt von der Symbolik und der Erfahrung von Licht und Dunkelheit. Heute wollen wir uns einer Heiligen widmen, deren Leben diese Erfahrung im Besonderen verdeutlicht: Es ist die Heilige Lucia, deren Gedenktag die Kirche am 13. Dezember feiert.

Bis zur gregorianischen Kalenderreform im Jahr 1582 war der 13. Dezember der kürzeste Tag des Jahres. In Schweden war er sogar bis ins Jahr 1752 hinein der Tag der Wintersonnenwende. So brachte die Heilige Lucia beziehungsweise ihr Gedenktag sinnbildlich gesprochen das Licht zurück. Doch was wissen wir über das Leben der heiligen Lucia?

Input

Zum Leben der heiligen Lucia und zum Brauchtum:

Die heilige Lucia wurde 286 in Syrakus, dem heutigen Siracusa, auf Sizilien zur Zeit der Christenverfolgung unter Diokletian geboren. Der Legende nach gelobte Lucia bereits im Kindesalter ewige Jungfräulichkeit. Damit geriet sie vor allem auch in Konflikt mit ihrer Mutter, die sie verheiraten wollte. Als die Mutter erkrankte, unternimmt Lucia mit ihr eine Wallfahrt nach Cantania ans Grab der heiligen Agatha, die damals bereits als Märtyrerin verehrt wurde. Durch Gebet und Erscheinung erfährt Lucias Mutter dort Heilung. Sie tritt zum Christentum über und unterstützt von da an Lucias weiteren Weg.

Von der Wallfahrt zurückgekehrt, lässt sich Lucia taufen, kündigt die abgesprochene Eheschließung auf und gründet stattdessen eine Armen- und Krankenstation. Der enttäuschte Verlobte zeigt sie als Christin beim Präfekten an, der sie in ein Dirnenhaus bringen will. Der Legende nach waren jedoch weder ein Ochsengespann noch 1000 Männer fähig, sie von der Stelle zu bewegen. Ihre Peiniger quälen sie daraufhin mit Feuer und siedendem Öl – all das kann ihr nichts anhaben. Selbst mit einem Schwert in der Kehle lebt sie weiter, betet und verkündet den nahen Frieden des Christenreiches. Erst nachdem ein Priester ihr die Hostie reicht, stirbt Lucia – der Überlieferung nach an einem 13. Dezember.

In Italien und in den skandinavischen Ländern, vor allem in Schweden, findet sich bis heute ein ausgeprägtes Brauchtum zu diesem Fest:
So trägt am Morgen des 13. Dezember die älteste Tochter, die Lucia verkörpert, ein langes weißes Kleid und hat den Kopf mit einem grünen Kranz geschmückt, in den eine Reihe brennender Kerzen gesteckt sind. So geht sie morgens von Zimmer zu Zimmer und weckt die Eltern und Geschwister. Sie bringt ihnen das Frühstück ans Bett und die ersten Kostproben der Weihnachtsplätzchen. Lucia gilt damit als Vorbotin für das Licht von Weihnachten. Dieser schöne Brauch geht auf die Legende zurück, dass Lucia ihren Glaubensgenossen, die sich in Katakomben versteckt hielten, Lebensmittel brachte. Damit sie beide Hände zum Tragen der Speisen frei hatte, setzte sie sich einen Lichterkranz aufs Haupt, um in der Dunkelheit den Weg zu finden.

Lied

Menschen auf dem Weg durch die dunkle Nacht (EH 251, Strophen 1 bis 3)

Impuls

Für den Austausch in den Tischgruppen:

- Wer ist mir in meinem Leben schon, wie Lucia,
  Licht in der Finsternis gewesen?
- Wem kann ich in diesen Tagen Licht in der Dunkelheit bringen?

Schriftlesung: Jesaja 60,1–5a

Auf, werde licht, denn es kommt dein Licht, und die Herrlichkeit des Herrn geht leuchtend auf über dir. Denn siehe, Finsternis bedeckt die Erde und Dunkel die Völker, doch über dir geht leuchtend der Herr auf, seine Herrlichkeit erscheint über dir. Völker wandern zu deinem Licht und Könige zu deinem strahlenden Glanz. Blick auf und schau umher: Sie alle versammeln sich und kommen zu dir. Deine Söhne kommen von fern, deine Töchter trägt man auf den Armen herbei. Du wirst es sehen, und du wirst strahlen, dein Herz bebt vor Freude und öffnet sich weit.

▪ Aktion

Lucia-Weizen säen

In Kroatien wird am Gedenktag der heiligen Lucia (13. Dezember) traditionell ein wenig Weizen in einer Schale ausgesät. Der Weizen grünt bis zum Weihnachtsfest und steht als Symbol für das neue Leben und die Hoffnung inmitten des Winters. Teilweise wird eine Kerze in der Mitte des Weizens aufgestellt. Wir wollen diesen Brauch heute aufgreifen und ein solches Lucialicht herstellen.
Teilnehmer und Teilnehmerinnen gestalten ihr Lucialicht. Dazu schreiben sie mit den Wachsstiften auf eine Kerze ihren Namen und stellen sie in die Schale mit Erde. Um die Kerze herum dürfen sie Weizen säen.
Zum Lied »Mache dich auf und werde Licht« werden die Lucialichter dann reihum an der großen Kerze (evtl. Osterkerze) entzündet und in die Mitte gestellt.

▪ Lied

Mache dich auf und werde Licht (GL 219; T u. M: Kommunität Gnadenthal)

Im Anschluss an das Lied kann ein Lichtertanz zum Lied »Mache dich auf und werde Licht« eingeübt werden. Jeder bekommt ein Glas mit einem Teelicht in die Hand.
Die in Klammern gesetzten Bewegungsvorschläge können in einem zweiten Teil ergänzt werden (sofern es die Mobilität der Teilnehmer und Teilnehmerinnen zulässt).

»Mache dich auf und werde Licht,«

Die Lichter werden langsam nach vorne, zur Mitte (zur Osterkerze) hin gestreckt – (dazu vier Schritte nach vorne in die Kreismitte)

»mache dich auf und werde Licht,«

Die Lichter werden langsam von der Mitte vor die Brust geführt – (dazu vier Schritte nach hinten weg von der Kreismitte).

»mache dich auf und werde Licht,«

Beide Arme werden langsam zu den jeweils links und rechts stehenden Nachbarn gestreckt.

»denn dein Licht kommt.«

Die Lichter werden langsam nach oben, gen Himmel gestreckt – (dazu eine Drehung um die eigene Achse).

Segen

Treuer Gott,
segne unser Warten und Hoffen auf deine Ankunft in unserer Welt.
Lass uns wie die heilige Lucia in den Dunkelheiten dieser Welt Licht sein für andere und mache uns so zu Zeugen deiner Menschwerdung.
Darum bitten wir dich durch Christus, unseren Bruder und Herrn.
A: Amen.

Abschied

Die Lucialichter können Sie gerne mit nach Hause nehmen oder auch an den Menschen, der für Sie Licht im Leben ist, weiterschenken.

Alternativvorschlag

Laden Sie Lucia in ein Altersheim ein und führen Sie ein Interview mit ihr. Sicher werden sich in ihrer Gemeinde Mädchen finden, die diesen Brauch, der übrigens auch in Schweden üblich ist, gerne übernehmen. Elektrische Lichterkränze für die Lucia kann man auch sehr günstig über den Internethandel beziehen.

O Tannenbaum, o Tannenbaum

Adventsfeier zum Weihnachtsbaum

Gruppengröße:	Beliebig.
Dauer:	Ca. 60 bis 80 Minuten
Chancen:	Der geschmückte Weihnachtsbaum gehört zum wichtigsten Brauchtum in der Advents- und Weihnachtszeit. Er wird besungen und mit Gedichten und Geschichten bedacht. Viele ältere Menschen verzichten aufgrund der Mühen und Kosten darauf, einen Christbaum in die eigene Wohnung zu stellen. Die Adventsfeier bietet die Möglichkeit, Erinnerungen aus der Kindheit auszutauschen und einen Christbaum gemeinsam zu schmücken.
Hinweise:	Für diese adventliche Besinnung eignet sich ein Stuhlkreis mit einer gestalteten Mitte: ein rotes Tuch mit einer Tanne in einem Christbaumständer. Bitte achten Sie darauf, dass die Tanne sicher und fest steht.
Materialien:	<ul><li>Eine grüne (ungeschmückte) Tanne im Christbaumständer</li><li>Strohsterne (für jeden Teilnehmer einen)</li><li>Christbaumkerzen mit entsprechender Halterung zum Befestigen</li><li>Als Christbaumschmuck: Nüsse, Äpfel, rote und goldene Weihnachtskugeln, Strohsterne, kleine Geschenke, Lebkuchen oder »Springerle«</li><li>Liedzettel</li></ul>

▇ Begrüßung

Ich grüße Sie herzlich zu unserer diesjährigen Adventsfeier, die unter dem Motto »O Tannenbaum, o Tannenbaum« steht. Zum bevorstehenden Weihnachtsfest gehört für viele der geschmückte Weihnachtsbaum. Wir wollen heute mehr über die Bedeutung und Herkunft des Weihnachtsbaumes erfahren. Singen wir dazu gleich zu Beginn das passende Lied.

▇ Lied

O Tannenbaum, o Tannenbaum

1. O Tannenbaum, o Tannenbaum,
    wie treu sind deine Blätter!
    Du grünst nicht nur zur Sommerzeit,
    nein, auch im Winter, wenn es schneit.
    O Tannenbaum, o Tannenbaum,
    wie grün sind deine Blätter!

2. O Tannenbaum, o Tannenbaum,
    du kannst mir sehr gefallen.
    Wie oft hat nicht zur Weihnachtszeit
    ein Baum von dir mich hoch erfreut.
    O Tannenbaum, o Tannenbaum,
    du kannst mir sehr gefallen.

3. O Tannenbaum, o Tannenbaum,
    dein Kleid will mich was lehren:
    Die Hoffnung und Beständigkeit
    gibt Trost und Kraft zu jeder Zeit.
    O Tannenbaum, o Tannenbaum,
    dein Kleid will mich was lehren.

T: 1. Strophe J. August Zarnack, 2. u. 3. Strophe Ernst Anschütz; M: 18. Jh.

▮ Input

Zur Herkunft und Tradition des Weihnachtsbaumes:

Was meinen Sie, wie alt wäre wohl der erste Weihnachtsbaum heute? Die erste urkundliche Erwähnung stammt aus dem Jahr 1419. Die Bäckerschaft in Freiburg im Breisgau hatte damals einen Baum mit Gebäck, Nüssen und Früchten geschmückt, den die Kinder im neuen Jahr plündern durften. Seinen Ursprung hat der Weihnachtsbaum in den mittelalterlichen geistlichen Schauspielen, die damals am 24. Dezember in den Kirchen aufgeführt wurden. Sie thematisierten die Vertreibung Adams und Evas aus dem Paradies. Der Weihnachtsbaum war also ursprünglich der Paradiesbaum, der Baum der Erkenntnis. Die Äpfel und die daraus entstandenen Christbaumkugeln belegen diesen Ursprung.

Im Straßburger Münster wurde bereits im 16. Jahrhundert ein Weihnachtsbaum aufgestellt. In Aufzeichnungen aus dem Jahr 1605 heißt es dazu: »Auf Weihnachten richtete man Tannenbäume zu Straßburg in den Stuben auf, daran hängte man Rosen aus vielfarbigem Papier geschnitten, Äpfel, Oblaten, Zucker usw.« Schon etwas früher kennt man den Brauch, um die Weihnachtszeit in den Häusern Tannenzweige mit Äpfeln und Oblaten zu schmücken.

Am Dreikönigstag durften die Kinder dann die geschmückten Zweige abräumen. Der Weihnachtsbaum verbreitete sich also wahrscheinlich ausgehend vom Elsass quer nach Europa und später auch in andere Erdteile. Auf einem Aquarell, das um 1600 in Franken entstand, ist der heilige Christophorus einen Bach überquerend mit dem Jesuskind auf den Schultern dargestellt. In seiner Rechten hält er einen Baum, der mit Backwerk, Würsten und Obst geschmückt ist. Das Christkind greift nach einer gebratenen Gans.

Im 18. Jahrhundert war der Weihnachtsbaum dann sozusagen gang und gäbe: Im Jahre 1737 wird er in Wittenberg erwähnt, 1780 in Berlin. 1775 führte Johann Wolfgang von Goethe den Weihnachtsbaum am Hof von Weimar ein. Der immergrüne Baum weist auf die adventliche Hoffnung: Auch in der tiefsten Nacht sind Rettung, Heil und Trost möglich.

▣ Impuls

Zum Austausch mit den Sitznachbarn:

Auch Weihnachtsbäume unterliegen der Mode der Zeit. So änderten sich über die Jahre der Schmuck, die Farben und selbst die Baumarten.

- Welche Erinnerungen haben Sie an den Weihnachtsbaum ihrer Kindheit?

▣ Input

Zur Bedeutung des Christbaumschmuckes:

Auch wenn es noch einige Tage zum Weihnachtsfest hin sind, wollen wir heute gemeinsam den Baum in unserer Mitte schmücken und mehr zur Bedeutung des Christbaumschmuckes erfahren:
Äpfel erinnern an den Paradiesbaum aus der Schöpfungsgeschichte – sie sind Zeichen für Fruchtbarkeit. Mit ihrem Duft erinnern sie uns an den Sommer und das Leben. Die roten Christbaumkugeln sind sozusagen die haltbare Variation dieser Äpfel – die runde, vollkommene Kugel erinnert an das Göttliche.
Manche Nüsse sind schwer zu knacken und vielleicht ist auch manche Frage des Lebens eine harte Nuss für uns. Die Nüsse am Weihnachtsbaum sind Sinnbilder für Gottes unerforschlichen Ratschluss – manches bleibt uns verborgen, unverständlich – vielleicht auch die Menschwerdung Gottes im Stall zu Bethlehem. Vergoldete Nüsse zeigen an, dass das Leben zwei Seiten hat: den im Innern verborgenen Kern und das strahlende Äußere. Die goldenen Weihnachtskugeln erinnern an die vergoldeten Nüsse.
Von alters her hängen am Christbaum auch kleine Päckchen und Geschenke. Sie erinnern an die Gaben der Weisen aus dem Morgenland. Wenn wir uns an Weihnachten beschenken, dann soll dieses Schenken uns daran erinnern, dass die Geburt Jesu das größte denkbare Geschenk ist, das Gott uns macht.
Der Evangelist Lukas berichtet, dass Jesus als neugeborenes Kind von seiner Mutter Maria in eine Futterkrippe gelegt wird. Vermutlich lag das kleine Kind dann auf Heu oder Stroh. Vielleicht haben einige von ihnen als Kinder noch auf Matratzen aus Stroh geschlafen. Stroh war billig und für jedermann, auch in schweren Zeiten, verfügbar.

Die Strohsterne am Christbaum erinnern daran, dass Gott in eine Krippe mit Stroh und somit in das Einfache, Gewöhnliche und Unscheinbare hineingeboren wird. Gott wird in unseren gewöhnlichen Alltag hineingeboren und macht ihn gleichzeitig zu etwas ganz Besonderem. So werden auch aus dem gewöhnlichen Stroh mit viel Geduld, Geschick und Ausdauer goldene Strohsterne. Sie erinnern an den Stern, der den Weisen aus dem Morgenland den Weg zum Kind in der Krippe wies und daran, dass Christus zum rettenden Strohhalm wird.

Wie bereits zu Beginn berichtet, erwähnen die ältesten Berichte über geschmückte Weihnachtsbäume fast ausschließlich essbaren Christbaumschmuck. Beliebt waren seit dem 18. Jahrhundert die sogenannten Springerle, die man mit Hilfe von Backmodeln herstellte. Das fertige Gebäck wurde in den Familien bunt bemalt. Im 19. Jahrhundert wurden häufig Lebkuchen mit sogenannten Oblaten beklebt, auch Glanzbilder genannt, die für Sammelalben bestimmt waren.

In einem Weihnachtslied, das Sie sicher kennen, heißt es »Am Weihnachtsbaume, die Lichter brennen«. Lichter und Kerzen gehören zum Christbaumschmuck, obwohl die ersten Weihnachtsbäume noch völlig unbeleuchtet waren. Erst im 17. Jahrhundert kam in adligen Familien der Brauch auf, den Baum auch mit Kerzen zu schmücken. Lange Zeit konnte sich jedoch der Großteil der Bevölkerung die teuren Bienenwachskerzen nicht leisten. Erst mit der Erfindung von Kunstwachs- beziehungsweise Paraffinkerzen wurden Christbaumkerzen zum allgemeinen Brauchtum. Heute werden, vor allem aufgrund des Brandschutzes, überwiegend elektrische Christbaumbeleuchtungen verwendet.

Was bedeuten aber die Kerzen bzw. die Lichter auf dem Christbaum? Die Kerzen und Lichter erinnern uns in den dunkelsten, kürzesten Tagen des Jahres daran, dass Jesus Christus das verheißene Licht der Welt ist, das in unsere Dunkelheit kommt. Bereits beim Propheten Jesaja heißt es: »Das Volk, das im Dunkel lebt, sieht ein helles Licht; über denen, die im Land der Finsternis wohnen, strahlt ein Licht auf« (Jesaja 9, 1).

Lied

Am Weihnachtsbaume die Lichter brennen

1. Am Weihnachtsbaume die Lichter brennen,
   wie glänzt er festlich, lieb und mild,
   als spräch' er: »Wollt ihr in mir erkennen
   getreuer Hoffnung stilles Bild!«

2. Die Kinder stehn mit hellen Blicken,
   das Auge lacht, es lacht das Herz,
   O fröhlich', seliges Entzücken!
   Die Alten schauen himmelwärts.

3. Zwei Engel sind hereingetreten,
   kein Auge hat sie kommen sehn,
   sie gehn zum Weihnachtsbaum und beten
   und wenden wieder sich und gehn.

4. »Gesegnet seid ihr alten Leute,
   gesegnet sei, du kleine Schar!
   Wir bringen Gottes Gaben heute
   dem braunen wie dem weißen Haar!«

5. »Zu guten Menschen, die sich lieben,
   schickt uns der Herr als Boten aus,
   und seid ihr treu und fromm geblieben,
   wir treten wieder in dies Haus!«

6. Kein Ohr hat ihren Spruch vernommen,
   unsichtbar jedes Menschen Blick
   sind sie gegangen wie gekommen,
   doch Gottes Segen bleibt zurück.

T: Hermann Kletke, M: 19. Jh.

▨ Aaronitischer Segen

Diesen Segen Gottes wollen wir am Ende unserer Adventsfeier erbitten:

Der Herr segne uns und behüte uns.
Er lasse sein Angesicht leuchten über uns und sei uns gnädig.
Der Herr wende sein Angesicht uns zu und schenke uns Heil.
Und so segne und behüte uns in diesen adventlichen Tagen der gute und treue
Gott, der Vater, der Sohn und der Heilige Geist.
A: Amen.

▨ Abschied

Als Erinnerung und kleines Weihnachtsgeschenk möchte ich Ihnen einen
Strohstern mit nach Hause geben. Vielleicht findet er ja einen Platz an Ihrem
Weihnachtsbaum oder an einem Strauß mit Tannenzweigen.

Ich steh an deiner Krippe hier

Adventsfeier zur Weihnachtskrippe

Gruppengröße:	Beliebig. Die Teilnehmer/innen sitzen in Tischgruppen zu sechs bis acht Personen zusammen.
Dauer:	Ca. 40 bis 60 Minuten
Chancen:	Die Krippen gehören zur Weihnachtszeit und doch wissen wir oft wenig über die Herkunft und Tradition der Weihnachtskrippe. Grund genug, dem einmal in einer Adventsfeier nachzugehen – zumal gerade ältere Menschen oft eine sehr innige Beziehung zu der je eigenen Krippe haben (wurde geschenkt, erspart, gebastelt …).
Hinweise:	Als »Tischschmuck« wird auf den Tischen (Tischgruppen zu 6 bis 8 Personen) jeweils eine Krippe (hier sind vor allem die Krippenfiguren gemeint) gestellt. Vielleicht können vorab auch einige Senioren gewonnen werden, ihre eigene Krippe mitzubringen und vorzustellen.
Materialien:	<ul><li>Möglichst unterschiedliche Krippendarstellungen, zum Beispiel auch aus Egli-Figuren</li><li>Eine Krippe aus einem anderen Land (kann evtl. aus einem Eine-Welt-Laden entliehen werden)</li><li>Traditionell geschnitzte oder auch getonte Krippen</li><li>Eine Krippe aus Playmobil etc.</li><li>Gerne auch die von Senioren</li><li>Zusätzlich zu den Tischgruppen ein freier Tisch, zu dem jeder, wenn möglich, Zugang und freien Blick hat. Auf diesem Tisch wird im Laufe der Veranstaltung eine »neue« Krippe aufgestellt.</li></ul>

■ Begrüßung

Ich begrüße Sie herzlich zu unserem Seniorennachmittag. Die Dekoration der Tische verrät unser heutiges Thema – alles dreht sich um die Weihnachtskrippe. Krippen gehören zum festen Bestandteil des kirchlichen und häuslichen Weihnachtsschmucks und werden in allen erdenklichen künstlerischen Stilen und Materialien gefertigt. Ich möchte Sie einladen zunächst einmal reihum zu gehen, um die unterschiedlichen Krippendarstellungen, die auf den Tischen stehen, in Ruhe zu betrachten.

Evtl. können an dieser Stelle die einzelnen Krippen kurz vorgestellt werden (Herkunft, Material etc.) – wenn möglich, von dem jeweiligen Besitzer.

■ Hinführung

Unsere landläufigen Krippendarstellungen beziehen sich auf die biblischen Weihnachtsgeschichten der Evangelisten Lukas und Matthäus. Der Begriff Krippe stammt ursprünglich von der Futterkrippe ab, in die Maria, dem Lukasevangelium nach, ihr neugeborenes Kind Jesus legt, »weil in der Herberge kein Platz für sie war«. Heute meint der Begriff Krippe die ganze Weihnachtskrippe, also die Darstellung der Geburt Christi. Die typischen Krippenfiguren sind: das Jesuskind in einer Futterkrippe, Maria, Josef, Ochs und Esel, Hirten mit Schafen, die drei Weisen aus dem Morgenland und ein Verkündigungsengel.
Ochs und Esel tauchen übrigens weder bei Lukas noch bei Matthäus auf. Sie haben aber dennoch eine biblische Begründung; im Buch Jesaja findet sich im Kapitel 1 folgender Vers: »Der Ochse kennt seinen Besitzer und der Esel die Krippe seines Herrn; Israel aber hat keine Erkenntnis, mein Volk hat keine Einsicht« (Jesaja 1, 3). Selbst dem Trienter Konzil, das im 16. Jahrhundert stattfand, gelang es später nicht, Ochs und Esel um der »Wahrheit« der Bibel willen von der Krippe zu verbannen.
Als Begründer der traditionellen Krippendarstellung gilt heute weithin der heilige Franz von Assisi. Um den Menschen seiner Zeit das Weihnachtsgeschehen so begreifbar wie möglich zu machen, ließ er im Jahr 1223 in einer Höhle im Wald nahe dem Ort Greccio das Weihnachtsevangelium mit lebenden Personen und Tieren nachstellen.

In Abgrenzung zur Reformation bestärkte das Konzil von Trient in der Mitte des 16. Jahrhunderts eine szenische Darstellung von biblischen Inhalten. Als erste Krippe im heutigen Sinn gilt die von Jesuiten im Jahr 1562 in Prag aufgestellte Weihnachtsdarstellung. In den folgenden Jahren fand das Aufstellen von Krippen zur Weihnachtszeit in Klöstern und Kirchen immer größere Verbreitung.

Im 18. Jahrhundert wurden unter Kaiserin Maria Theresia und Joseph II. Weihnachtskrippen durch mehrere Verbote aus den öffentlichen Gebäuden des Habsburger Reiches, also auch aus den Kirchen, verbannt. Die Weihnachtskrippen erhielten dadurch Einzug in die Wohnungen und Häuser der Menschen. Bevor im 19. Jahrhundert der Christbaum allgemeine Verbreitung fand, stand die Krippe im Mittelpunkt der katholischen Weihnachtsfeier.

▪ Lied

Ich steh an deiner Krippe hier (GL 256, Strophen 1 bis 4)

▪ Impuls

Für den Austausch in den Tischgruppen:

Nachdem wir viel über die Herkunft und Geschichte von Krippendarstellungen gehört haben, sind Sie jetzt gefragt. Tauschen Sie sich mit ihren Tischnachbarn über folgende Fragen aus:

- Welche Erinnerungen verbinden Sie mit den Krippen aus Ihrer Kindheit?
- Welche Krippendarstellungen gefallen Ihnen besonders gut?
- Welche Figur in der Krippe ist Ihnen besonders wichtig und warum?

▪ Aktion

Eine neue Krippe wird zusammengestellt

Jeder, der mag, kann nun die Krippenfigur, die ihm besonders wichtig in der Krippe ist, vom eigenen Tisch nehmen, kurz sagen, um wen es sich handelt und warum gerade diese Figur so wichtig für ihn oder sie ist und sie dann auf den noch freien Tisch stellen. *Die Figuren werden zu einer neuen, bunt zusammengewürfelten Krippe auf den bisher freien Tisch zusammengestellt.*

Wir haben heute Nachmittag verschiedene Krippendarstellungen kennengelernt, mehr über die Herkunft und Bedeutung der Krippe erfahren, uns über Krippen ausgetauscht und sogar unsere eigene bunte Krippe zusammengestellt. Am Ende unseres gemeinsamen Nachmittages darf ich Ihnen eine Geschichte über eine ganz besondere Krippe mit auf den Weg geben:

■ Geschichte

Das Krippenhuhn

Fünfundfünfzig Jahre ist die jetzt alt – meine Krippe. Der Nachbar hat nämlich Zigaretten geraucht, und als ich wieder einmal borgen ging bei ihm, sah ich die Kiste. Dünnes, helles Holz. Schönes Holz. Deckel und Boden groß genug, zwei Figuren auszusägen. Es gab ja kein Sperrholz achtundvierzig. Ich musste all meinen Mut zusammennehmen, um ihn zu fragen. Er guckte so schräg, wie er immer guckte, wenn arme Leute was von ihm wollten. Und dann sagte er: »Ja, ich gebe sie Ihnen. Zehn Eier die Kiste.« Wir hatten zwei Hühner, die mehr fraßen als sie Eier legten. Ich erzählte ihnen von der Krippe. Sie strengten sich an. Ich sparte noch mehr als sonst, und im Frühjahr kaufte ich drei Küken. Eins davon wurde ein Hahn.

Ich zeichnete Figuren. Maria natürlich, Joseph, das Jesuskind, zwei Hirten, die Heiligen Drei Könige. Zwei Kühe, einen Esel, sechs Schafe, zwei Lämmer. Dann fand ich, dass da auch Frauen zum Stall kommen müssten, ist doch richtig, oder? Schließlich wäre ich damals mit meiner Mutter auch gerne hingegangen. Immer stehen da all die Hirten und Könige, und Maria würde sich doch bestimmt freuen, wenn auch ein paar Frauen da sein würden, die was von kleinen Kindern verstehen.

Währenddessen gaben sich die Hühner und der Hahn alle Mühe. Nach zwei Jahren hatte ich elf Zigarrenkisten. Beim Tischler borgte ich mir eine Laubsäge. Die Sägeblätter waren sehr teuer, und obwohl ich sie wie rohe Eier behandelte, rissen mir zwei. Deshalb kam ich nicht so schnell voran. Ich musste immer erst aufs nächste Sägeblatt sparen. Der Fahrradhändler wunderte sich zwar, aber er gab mir seine leeren Lacktöpfchen. Da war immer ein kleiner Rest drin. Leider gab es kein Gelb. Deshalb sind die Gesichter so rosa. Drei Jahre hat es gedauert. 1951 hatte ich sie fertig. Das war ein Fest, als ich sie das erste Mal aufstellte! Jetzt bin ich achtzig. Hier ist sie, meine Krippe. Ich freue mich immer das ganze Jahr darauf, sie aufzubauen. Zigarrenkisten und Fahrradlack. Ist das nicht schön? Ach ja, sehen Sie das kleine Huhn? Direkt neben Maria? Es schläft … Ich weiß, eigentlich gibt es keine Hühner im Stall von Bethlehem, aber Sie werden verstehen.

Doris Bewernitz

Abschied

Ihnen allen darf ich gesegnete Adventstage und ein frohes Weihnachtsfest wünschen. Und wer weiß: Vielleicht sehen Sie Ihre eigene Krippe mit ganz anderen Augen …

Sich Weihnachten auf der Zunge zergehen lassen

Adventsfeier zum Weihnachtsgebäck

Gruppengröße:	Beliebig. Die Teilnehmer/innen sitzen in Tischgruppen zu sechs bis acht Personen zusammen.
Dauer:	Ca. 60 bis 90 Minuten
Chancen:	Zur Advents- und Weihnachtszeit gehört auch das Weihnachtsgebäck. Die Senioren gehören in der Regel zu jenem Personenkreis, die selbst viel gebacken haben oder immer noch backen.
Hinweise:	Die Teilnehmer und Teilnehmerinnen werden im Vorfeld eingeladen, einige Kostproben ihres Lieblingsweihnachtsgebäcks mitzubringen. Als Deko für die Tischgruppen können Backförmchen, Modeln, Nudelhölzer auf roten Servietten dienen. Dazu können evtl. noch Tannenzweige und Nüsse gelegt werden.
Materialien:	• Backförmchen, Modeln und Nudelhölzer, rote Servietten, Tannenzweige und Nüsse als Deko • Evtl. Tonträger mit dem Lied »Oh, es riecht gut, oh, es riecht fein!« von Christel Ulbrich (evtl. in Büchereien oder auch bei Kindergärten entleihbar) • Unterschiedliche Gewürze (zum Beispiel Zimt, Nelken, Muskatnuss, Vanille, Kokos, Kardamom, Anis und Ingwer) in Filmdöschen zum Riechen • Vergoldete Walnüsse – für jeden Teilnehmer eine

■ **Begrüßung**

Zu Beginn kann das Lied »Oh, es riecht gut, oh, es riecht fein!« eingespielt werden – eventuell kann auch ein Kindergarten, der zur Pfarrei gehört, zum Seniorennachmittag eingeladen werden, der das Lied vorträgt oder man kann es selbst singen oder vorlesen:

■ **Lied**

Oh, es riecht gut, oh, es riecht fein

2. Oh, es riecht gut, oh, es riecht fein!
    Heut rühr'n wir Teig zu Plätzchen ein.
    Butter, Zucker glatt gerührt
    und die Bleche eingeschmiert.
    Oh, es riecht gut, oh, es riecht fein.

3. Oh, es riecht gut, oh, es riecht fein!
   Heut rühr'n wir Teig für Plätzchen ein.
   Eier in den Topf geschlagen
   und die Milch dazu getragen.
   Oh, es riecht gut, oh, es riecht fein!

4. Oh, es riecht gut, oh, es riecht fein!
   Heut rühr'n wir Teig für Plätzchen ein.
   Weißes Mehl, das woll'n wir sieben.
   Aber nichts daneben stieben.
   Oh, es riecht gut, oh, es riecht fein!

5. Oh, es riecht gut, oh, es riecht fein!
   Die Plätzchen werden fertig sein
   Weihnachtskringel braun und rund.
   Eins zum kosten in den Mund.
   Oh, es riecht gut, oh, es riecht fein!

T u. M: Christel Ulbrich

Ja, im Advent verwandeln sich viele Küchen und Wohnstuben zu kleinen Weihnachtsbäckereien: Backförmchen werden hervorgeholt, Nudelhölzer bereitgelegt und der Duft von feinem Weihnachtsgebäck macht sich breit.
Wir werden heute hier keine Weihnachtsbäckerei veranstalten – aber wir wollen uns gemeinsam austauschen über Plätzchen, Stollen und Lebkuchen.

◼ Sinnesübung

Gewürze riechen

Doch zunächst wollen wir unsere Sinne für den Duft von Weihnachten schulen und die verschiedenen Gewürze aus der Weihnachtsbäckerei riechend erraten. *Gewürze (z. B. Zimt, Nelken, Muskatnuss, Vanille, Kokos, Kardamom, Anis und Ingwer) werden herumgereicht, sodass man sie zwar nicht sehen, wohl aber riechen kann. Als Gefäße eignen sich zum Beispiel Filmdöschen, die man mit ein wenig Gewürz füllt und dann mit Watte abdeckt. Die Teilnehmer und Teilnehmerinnen werden eingeladen, die verschiedenen Gewürze riechend zu erraten.*

▨ Input

Über Gewürze und vom Backen:

Was heute für uns selbstverständlich ist, das Backen mit vielerlei Gewürzen, war bis zum Hochmittelalter kaum möglich. Erst da begann der Handel mit Gewürzen, vor allem aus Asien und dem Orient. Gewürze waren damals sehr wertvoll, weil sie nicht nur zum Würzen verwendet, sondern auch als Konservierungsstoffe und als Grundlage für Arzneimittel verwendet wurden. Einige Gewürze galten gar als Statussymbol. So war Pfeffer früher so wertvoll, dass er mit Gold aufgewogen wurde – noch heute verwenden wir für besonders teure Dinge ja den Ausdruck »gepfefferte Preise«.

Das Backen zu Festtagen hat eine lange Tradition und war zu allen Zeiten auch von religiöser Bedeutung. Früher wurde das sogenannte Gebild- oder Bildgebäck entweder mit der Hand geformt oder aber in ein Model hineingedrückt und gebacken. So entstanden Menschen, Tiere oder Gegenstände, die einen Bezug zum jeweiligen Fest hatten. Wir kennen diese Form von Bildbäckerei auch heute noch. Ein Blick auf unsere Tischdekoration verrät es: Die einfachste Form der Bildbäckerei sind unsere heutigen »Ausstecherle«, die viele Symbole der Advents- und Weihnachtszeit aufgreifen. Da gibt es Sterne, Engel, Glocken, Christbäume, Stiefel, die an den heiligen Nikolaus erinnern, Herzen und vieles mehr.

Ein Beispiel für ein handgeformtes Bildgebäck sind die zum Nikolaustag noch heute üblichen Weckmänner. Die kunstvollste Weise, diese Gebäckart herzustellen, ist das Formen mit Modeln: Der Teig wird dabei in eine Hohlform gedrückt, die wiederum Bilder in den Teig abbilden. Wir kennen heute noch Springerle, Aachener Printen oder auch Spekulatius als Modelgebäck.

Beliebt ist auch der Christstollen. Der Überlieferung nach erinnert er durch seine Form und den Puderzucker an das in Windeln gewickelte Christuskind. Im Jahr 1447 wurde der Stollen erstmals als Christbrot urkundlich erwähnt. Ursprünglich war er ein Fastengebäck aus dem Kloster, das nur mit Hefe, Wasser und Mehl zubereitet wurde. Heute werden unterschiedliche Stollen, zum Beispiel Mandel-, Butter- oder Quarkstollen angeboten. Der bekannteste Christstollen ist der sogenannte *Dresdner Stollen*, der nach einem genau vorgegebenen Rezept gefertigt wird.

▓ Impuls

Für das Gespräch in den Tischgruppen:

- Welche Erinnerungen verbinden Sie mit dem Weihnachtsgebäck Ihrer Kindheit?
- Welches Weihnachtsgebäck ist Ihnen das Liebste? Warum?

▓ Geschichte

Die Legende von dem ersten Honigküchlein

Als die Hirten den Stern von Bethlehem gesehen und die Botschaft der Engel gehört hatten, brachen sie unvermittelt auf, um das Wunder im Stall zu sehen. Dabei hatten sie völlig vergessen, dass sie Brot im Ofen hatten. Als sie zurückkehrten, fürchteten sie, dass das Brot völlig verkohlt sei. Aber das Gegenteil war der Fall. Sie öffneten den Ofen – und zu ihrer Überraschung strömte ihnen ein herrlicher Duft entgegen.

Sie probierten das dunkle Brot, das keinesfalls verbrannt war, im Gegenteil: Es war von einer ungeahnten Süße und Würze. Sie kosteten es und gaben davon auch ihren zahlreichen Freunden und Verwandten. Damit jeder ein Stück bekommen konnte, brachen sie es in viele kleine Stücke. Zur Erinnerung an dieses Wunder haben sie dann jedes Jahr zu Weihnachten solche kleinen, leckeren Honigkuchen gebacken, äußerlich dunkel wie das Ereignis im Stall von Bethlehem, aber von nie gekannter Süße und dem köstlichen Aroma.

Christa Spilling-Nöker

▨ Input

Über Lebkuchen:

So könnte es sich vielleicht zugetragen haben, als die Menschen den Lebkuchen erfanden. Tatsächlich ist der Honigkuchen bereits in der Antike bekannt. Funde in Pharaonengräbern belegen, dass sie bereits zur Zeit der alten Ägypter vor etwa 4000 Jahren gebacken wurden. Damals wurden sie als Jenseitsspeise in die Gräber gelegt. Honig war lange Zeit das einzig bekannte Süßungsmittel. Im Mittelalter wurde der Honigkuchen dann zum Lebkuchen umbenannt. Das Wort Lebkuchen stammt vermutlich von dem lateinischen Wort *libum*, das Fladen oder auch Opferkuchen bedeutet. Neben Honig wurde der Lebkuchenteig mit Mandeln, Nüssen, Gewürzen und auch Heilkräutern verfeinert. Er galt wohl auch deshalb als heilend, verdauungsfördernd und appetitanregend. Und weil man damals nicht nur den eigentlichen Pfeffer, sondern auch Anis, Ingwer, Koriander, Nelken und Zimt als Pfeffer verstand, nannte man den Lebkuchen oft auch Pfefferkuchen. Da all diese Gewürze aus fernen Ländern importiert wurden, entwickelten sich vor allem Städte an wichtigen Handelswegen zu Lebkuchenzentren, wie beispielsweise Nürnberg oder Aachen.

Selbst in der Fastenzeit war es erlaubt, Lebkuchen zu essen. Deshalb wurde wohl auch in Klöstern gerne Lebkuchen gebacken. Weil man dort auch die Hostien für die Gottesdienste produzierte, kam man auf die Idee, den Lebkuchenteig auf Oblaten zu backen. So löste sich der fertige Lebkuchen besser vom Blech und trocknete weniger schnell aus.
Die Nüsse und Mandeln, mit denen man den Lebkuchen zu verzieren pflegt, symbolisieren das Wort Gottes: Es ist mitunter schwer zu verstehen und zu begreifen – im übertragenen Sinne also eine harte Nuss. Hat man die Nuss jedoch geöffnet, wird man mit einem wohlschmeckenden Kern belohnt. Genauso ist es mit dem Wort Gottes: Haben wir einen Zugang dazu gefunden, kann es uns geistliche Nahrung, Trost und Hoffnung sein. Nicht nur Lebkuchen, sondern alles Weihnachtsgebäck lädt uns in diesem Sinne ein, uns die Freude über die Menschwerdung Gottes auf der Zunge zergehen zu lassen:

▓ Schriftlesung: Zefanja 3,14–17

Juble, Tochter Zion! Jauchze, Israel! Freu dich und frohlocke von ganzem Herzen, Tochter Jerusalem! Der Herr hat das Urteil gegen dich aufgehoben und deine Feinde zur Umkehr gezwungen. Der König Israels, der Herr, ist in deiner Mitte; du hast kein Unheil mehr zu fürchten. An jenem Tag wird man zu Jerusalem sagen: Fürchte dich nicht, Zion! Lass die Hände nicht sinken! Der Herr, dein Gott, ist in deiner Mitte, ein Held, der Rettung bringt. Er freut sich und jubelt über dich, er erneuert seine Liebe zu dir, er jubelt über dich und frohlockt, wie man frohlockt an einem Festtag.

(alttestamentliche Lesung am 3. Adventssonntag im Lesejahr C)

▓ Lied

Wachet auf, ruft uns die Stimme (GL 554)

▓ Abschied

Nachdem wir nun lange über allerlei Leckereien gesprochen haben, lade ich Sie ein, jetzt im Anschluss Ihr Lieblingsweihnachtsgebäck miteinander zu teilen. Als Begleiter durch den Advent möchte ich Ihnen heute eine vergoldete Nuss mit nach Hause geben – sie soll Sie an das Wort Gottes erinnern, das bisweilen schwer zu verstehen ist, uns aber geistliche Nahrung sein will.

Das Geschenk des Himmels

Adventsfeier zum Wünschen und Schenken

Gruppengröße:	Beliebig.
Dauer:	Ca. 50 bis 60 Minuten
Chancen:	Geschenke gehören zu Weihnachten. Sie stehen für das Wünschen, Sehnen und Hoffen und das Geben, Schenken und Erfüllen. Anhand des Motivs des Wunschzettels werden die Teilnehmer und Teilnehmerinnen eingeladen, den eigenen Wünschen nachzuspüren.
Hinweise:	Für diese adventliche Besinnung eignet sich ein Stuhlkreis mit einer gestalteten Mitte: Tuch mit großer Kerze oder Adventskranz und großes verpacktes Geschenk, eine leere Schale (für die Wunschzettel der Teilnehmer und Teilnehmerinnen) und eine schön gestaltete Bibel. Alternativ oder ergänzend können Tischgruppen mit kleinen (leeren) Geschenken auf roten Servietten dekoriert sein, evtl. ergänzt mit Tannenzweigen und Nüssen.
Materialien:	*Für die Mitte:*

Für die Mitte:
- Große Kerze (alternativ: Adventskranz)
- Ein großes Geschenk
- Eine leere Schale (für die Wunschzettel der Teilnehmer und Teilnehmerinnen)
- Bibel
- Zettel und Stifte zum Schreiben von Wunschzetteln

Als Tischdekoration:
- Kleine verpackte (leere) Geschenke
- Rote Servietten
- Tannenzweige
- Nüsse

■ Begrüßung

Ich begrüße Sie herzlich zu unserer diesjährigen Adventsfeier. Es ist schön, dass wir uns in diesem Kreis alle Jahre wieder mit Texten, adventlichen Gedanken und Liedern gemeinsam auf das Weihnachtsfest einstimmen. Tun wir das gleich zu Beginn mit dem Lied »Alle Jahre wieder«.

■ Lied

Alle Jahre wieder

1. Alle Jahre wieder
   kommt das Christuskind
   auf die Erde nieder,
   wo wir Menschen sind.

2. Kehrt mit seinem Segen
   ein in jedes Haus,
   geht auf allen Wegen
   mit uns ein und aus.

3. Steht auch mir zur Seite
   still und unerkannt,
   dass es treu mich leite
   an der lieben Hand.

T: Wilhelm Hey, M: Friedrich Silcher

■ Hinführung

Die alten bekannten Lieder gehören zur Adventszeit genauso wie der Adventskranz, das Backen von Weihnachtsgebäck und das Suchen nach dem richtigen Geschenk für die Lieben. Vielleicht haben Sie in diesem Zusammenhang ja auch schon einmal einen Wunschzettel in Ihren Händen gehalten? Vor allem Kinder schreiben und gestalten sie in den Adventstagen mit Begeisterung. All ihre

Träume, Sehnsüchte und Wünsche halten sie darauf fest – die kleinen genauso wie die, die so groß sind, dass sie sich gar nicht erfüllen lassen.

Die Sitte, Wunschzettel zu schreiben, gibt es übrigens schon seit etwa 200 Jahren. Damals schrieben die Kinder allerdings noch gute Wünsche für ihre Eltern auf, wie zum Beispiel Gesundheit, ein langes Leben und Glück. Erst in der Biedermeierzeit, also vor rund 150 Jahren, begann man vor allem im Bürgertum, eigene Wünsche zu formulieren und aufzuschreiben. Damit die Himmelsboten dann die Post an das Christkind weiterleiten konnten, legte man die Wunschzettel nachts vor das Fenster. Auf wundersame Weise waren sie am Morgen tatsächlich verschwunden.

Impuls

Für einen kurzen Austausch in den Tischgruppen:

- Woher kennen Sie den Brauch des Wunschzettelschreibens – vielleicht sogar aus der eigenen Kindheit?
- Was war für Sie als Kind das größte Weihnachtsgeschenk?

Lied

Morgen, Kinder, wird's was geben

Meditation

Weihnachten als Zeit der Erwartung und Erfüllung

Auch für uns Erwachsene ist Weihnachten verbunden mit Wünschen, Hoffnungen und Sehnsüchten. So schreibt zum Beispiel auch der Dichter Rainer Maria Rilke (1875–1926) in einem Brief an seine Mutter folgende Zeilen:

»Dies ist Weihnachten, einmal im Jahr diese Erwartung in sich fühlen, dieses feste durch nichts enttäuschbare Anrecht, – fühlen, … dass im Grunde unsere größten Wünsche, wenn wir sie nur recht ins Herz fassen, nicht unerfüllt bleiben können, dass wir gar keinen Moment den Wunsch, sondern eigentlich immer schon eine kleine Erfüllung in uns tragen, die wir der Pflege Gottes überlassen müssen, der sie großzieht und zu Ansehen bringt aus unserem Erdreich.«

Aktion

Wunschzettel schreiben:

Bitte überlegen Sie sich in Ruhe, welche Wünsche, Bitten und Hoffnungen Sie in diesen Adventstagen haben, deren Erfüllung Sie Gottes Pflege überlassen möchten. Schreiben Sie Ihren ganz persönlichen Wunschzettel!
Teilnehmer und Teilnehmerinnen schreiben ihre Wünsche auf Zettel auf. Die Wunschzettel werden im Anschluss gefaltet und reihum in die leere Schale in die Mitte gelegt. Dazu kann der Liedruf »Confitemini domino« angestimmt werden. Übersetzt lautet der Liedruf: »Vertraut auf den Herrn, denn er ist gut!«

Liedruf

Confitemini domino (GL 618,2)

Schriftlesung: Lukas 2, 8–14

In der Geburt Jesu erfüllt sich die Sehnsucht nach Rettung und Heil – das berichtet uns bereits der Evangelist Lukas in seiner Erzählung von der Geburt Jesu:
In jener Gegend lagerten Hirten auf freiem Feld und hielten Nachtwache bei ihrer Herde. Da trat der Engel des Herrn zu ihnen und der Glanz des Herrn umstrahlte sie. Sie fürchteten sich sehr, der Engel aber sagte zu ihnen: Fürchtet euch nicht, denn ich verkünde euch eine große Freude, die dem ganzen Volk zuteilwerden soll: Heute ist euch in der Stadt Davids der Retter geboren; er ist der Messias, der Herr. Und das soll euch als Zeichen dienen: Ihr werdet ein Kind finden, das, in Windeln gewickelt, in einer Krippe liegt. Und plötzlich war bei dem Engel ein großes himmlisches Heer, das Gott lobte und sprach: Verherrlicht ist Gott in der Höhe und auf Erden ist Friede bei den Menschen seiner Gnade.

▌ Meditation

Gedanken von Franz Kamphaus zur Bibelstelle

Der emeritierte Bischof von Limburg, Franz Kamphaus, schreibt zur eben ge-
hörten Bibelstelle folgende Gedanken:
»Das älteste Weihnachtslied, das für alle Zeit den Grundakkord von Weihnachten angibt, stammt nicht von Menschen. Nach der Überlieferung des Lukas
haben Engel das Evangelium der Heiligen Nacht gesungen. [...] Das Lied der
Engel – ein Lied, das nicht wir erdacht haben: ›Heute ist euch der Heiland
geboren ...‹ (Lukas 2, 11). Heute – euch – der Heiland. Ein Geschenk des Himmels! In der Tat: das Geschenk des Himmels. Das will uns dieses ursprüngliche
Weihnachtslied sagen: Ihr, die ihr alles selbst machen wollt, die ihr schließlich in
eurer eigenen Leistung das Heil sucht und euch dabei heillos verrennt – das Heil
könnt ihr euch nicht machen. Den Heiland könnt ihr euch nicht machen. Ihr
braucht es auch nicht, er ist euch geschenkt.«
An Weihnachten schenkt sich uns Gott in einem Kind und bringt uns damit
Rettung und Heil. Das ist der Weg Gottes mit uns Menschen: Er teilt unser
menschliches Schicksal, unsere Freude, unsere Angst, unser Leid und unser
Sterben.
Stimmen wir deshalb froh in den Gesang der Engel ein:

▌ Lied

Es kam ein Engel hell und klar (GL 237, Strophen 2 bis 5)

▌ Gebet

Du menschgewordener Gott,
lass uns in diesen Tagen erfahren,
wie nahe du uns im Kind in der Krippe kommen willst,
wie sehr du uns liebst.
Lass uns erkennen,
dass du dich uns selbst schenkst,
dass Weihnachten das Geschenk des Himmels ist.

Darum bitten wir dich durch Jesus Christus,
deinen menschgewordenen Sohn,
unseren Herrn.
A: Amen.

▓ Abschied

Am Ende unserer Adventsfeier lade ich Sie ein, einen Wunschzettel aus der Schale mit nach Hause zu nehmen. Der Wunsch eines anderen Teilnehmers soll sie in den Tagen des Advents, gerne auch im fürbittenden Gebet, begleiten.

O Wurzel Jesse

Adventsfeier zum Symbol der Wurzel

Gruppengröße:	Beliebig. Die Teilnehmer/innen sitzen in Tischgruppen zu sechs bis acht Personen zusammen.
Dauer:	Ca. 40 bis 60 Minuten
Chancen:	Das Motiv der Wurzel taucht in den Lesetexten des Advents und in den O-Antiphonen (vgl. 19. Dezember – O radix Jesse / O Wurzel Jesse) auf. Vielen Menschen ist es durch das Weihnachtslied »Es ist ein Ros entsprungen« vertraut.
Hinweise:	In den letzten sieben Adventstagen vor dem Heiligen Abend (17. bis 23. Dezember) werden seit dem siebten Jahrhundert in der Liturgie des Stundengebets und als Ruf vor dem Evangelium die sogenannten O-Antiphonen angestimmt. Ihr Name leitet sich vom Ruf »O« her, mit der jeder Liedruf beginnt. Es sind bildhafte Anreden des ersehnten Messias aus dem Alten Testament, die in den Ruf »Veni!« – »Komm!« münden. Die Antiphon »O radix jesse« / »O Wurzel Jesse« ist die dritte und dem 19. Dezember zugeordnet. Wenn möglich, soll die Seniorenadventsfeier in zeitlicher Nähe zu diesem Termin gehalten werden.
Materialien:	<ul><li>Als Tischdeko: Rosen, evtl. Christrosen und Wurzel(stücke)</li><li>Wenn möglich: eine große Baumwurzel (für alle sichtbar in der Mitte aufgestellt)</li><li>Blüten aus buntem Papier – für jeden Teilnehmer eine (siehe Vorlage)</li><li>Erdentöne-Himmelsklang</li><li>Gotteslob</li><li>Bibel</li><li>Blatt mit Bild einer Baumwurzel und O-Antiphon – für jeden Teilnehmer eine</li></ul>

(Kopiervorlage auch auf CD-ROM)

Adventsfeiern

O Wurzel Jesse, gesetzt zum Zeichen

für die Völker. Vor dir verstummen

die Mächtigen, dich rufen die Völker.

Komm, o Herr, und erlöse uns;

zögere nicht länger.

Druckvorlage Wurzel Jesse (Kopiervorlage auch auf CD-ROM)

▓ Begrüßung

Ihnen allen ein herzliches Willkommen zu unserer diesjährigen Adventsfeier. Es sind nur noch wenige Tage bis zum Weihnachtsfest und es ist schön, dass Sie Zeit gefunden haben, hierher zu kommen. Gemeinsam wollen wir uns auf die Feier der Geburt Christi einstimmen.

Im Mittelpunkt unserer adventlichen Feier steht der Ruf »O Wurzel Jesse«, einer der sogenannten O-Antiphonen. Das sind die Liedrufe, die in den letzten sieben Tagen vor dem Weihnachtsfest im Stundengebet und auch vor dem Evangelium erklingen. Ihr Name leitet sich vom Ruf »O« her, mit dem jede Antiphon beginnt. Es sind bildhafte Anreden des erwarteten Messias aus dem Alten Testament, die in den Ruf »Veni«! – »Komm!« münden. Jeder Ruf ist einem der letzten sieben Tage vor Weihnachten zugeordnet. Der Ruf »O Wurzel Jesse« ist für den 19. Dezember bestimmt.

Das Motiv der Wurzel findet sich auch in einem der bekanntesten Weihnachtslieder: in dem Lied »Es ist ein Ros entsprungen«. Singen wir es zu Beginn gemeinsam.

▓ Lied

Es ist ein Ros entsprungen (GL 243, Strophen 1 bis 3)

▓ Hintergrund

Erläuterungen zum adventlichen Symbol der Wurzel

Woher kommt das Motiv der Wurzel, das uns in diesen Advents- und Weihnachtstagen in Texten und Liedern begegnet? Auf den ersten Blick reiht es sich nur schwer in die uns vertraute adventliche Bilderwelt ein, in der Engel, Sterne und Adventskränze dominieren. Und doch ist es eines der ursprünglichsten adventlichen Motive. Der Ruf »O Wurzel Jesse« und auch das Weihnachtslied »Es ist ein Ros entsprungen« beziehen sich auf die messianischen Heilserwartungen im Buch des Propheten Jesaja. Hören wir dazu die entsprechende Schriftlesung:

Schriftlesung: Jesaja 11,1–10

Aus dem Baumstumpf Isais wächst ein Reis hervor, ein junger Trieb aus seinen Wurzeln bringt Frucht. Der Geist des Herrn lässt sich nieder auf ihm: der Geist der Weisheit und der Einsicht, der Geist des Rates und der Stärke, der Geist der Erkenntnis und der Gottesfurcht. [Er erfüllt ihn mit dem Geist der Gottesfurcht.] Er richtet nicht nach dem Augenschein und nicht nur nach dem Hörensagen entscheidet er, sondern er richtet die Hilflosen gerecht und entscheidet für die Armen des Landes, wie es recht ist. Er schlägt den Gewalttätigen mit dem Stock seines Wortes und tötet den Schuldigen mit dem Hauch seines Mundes. Gerechtigkeit ist der Gürtel um seine Hüften, Treue der Gürtel um seinen Leib. Dann wohnt der Wolf beim Lamm, der Panther liegt beim Böcklein. Kalb und Löwe weiden zusammen, ein kleiner Knabe kann sie hüten. Kuh und Bärin freunden sich an, ihre Jungen liegen beieinander. Der Löwe frisst Stroh wie das Rind. Der Säugling spielt vor dem Schlupfloch der Natter, das Kind streckt seine Hand in die Höhle der Schlange. Man tut nichts Böses mehr und begeht kein Verbrechen auf meinem ganzen heiligen Berg; denn das Land ist erfüllt von der Erkenntnis des Herrn, so wie das Meer mit Wasser gefüllt ist. An jenem Tag wird es der Spross aus der Wurzel Isais sein, der dasteht als Zeichen für die Nationen; die Völker suchen ihn auf; sein Wohnsitz ist prächtig.

Erläuterungen zur Bibelstelle

Der Prophet Jesaja verheißt dem Volk Israel das Anbrechen einer neuen, einer besseren Welt. Damals war der innere und äußere Friede Israels bedroht: Die Kluft zwischen Arm und Reich wurde immer größer. Die Assyrer bedrohten das Land von außen. Mitten hinein in diese unheilvolle Situation spricht Jesaja seinem Volk Mut zu: Egal wie aussichtslos die Lage erscheint – Rettung ist möglich! Auch ein scheinbar toter Baumstumpf kann neue Triebe hervorbringen.

In der Menschwerdung Jesu erfüllt sich die Verheißung Jesajas: Jesus ist der ersehnte Messias, der Rettung und Heil bringt, der lebendig macht, was tot erscheint.

Der Baumstumpf Isais weist darüber hinaus auf die Herkunft Jesu hin, die sein Gotteskönigtum belegen soll. Der biblischen Überlieferung nach lässt sich die Abstammung Jesu bis zum König David, dem jüngsten Sohn Isais, zurückverfolgen. Der Evangelist Matthäus beginnt sein Evangelium mit diesem Stammbaum Jesu (vgl. Matthäus 1, 1–16). Jesus geht demnach als »Reis« aus dem »Baumstumpf Isais« hervor und wird als dessen »Trieb Frucht bringen« (Jesaja 11, 1a).

◼ Impuls

Für ein Gespräch in Tischgruppen oder im Stuhlkreis mit den Sitznachbarn:

Bitte überlegen Sie sich in Ruhe:
- Wo haben Sie Ihre Wurzeln? Wo sind Sie geboren?
- Welche Erinnerungen verbinden Sie mit Ihrem Stammbaum, Ihren Vorfahren?

Tauschen Sie sich mit Ihren Sitz- oder Tischnachbarn darüber aus.

◼ Besinnung zum Symbol der Wurzel

In unserer Mitte steht heute eine große Baumwurzel / ein Stück einer Baumwurzel. Ich lade Sie ein, die Wurzel nun in Ruhe zu betrachten.

Eine Wurzel hat ihren Ort im Erdreich.
Sie wirkt im Verborgenen.
Sie gibt der Pflanze Halt und Stand.
Sie versorgt sie mit Wasser und Nährstoffen.
Nur mithilfe der Wurzeln kann ein Baum Blätter und Früchte tragen.

Wer oder was gab und gibt Ihnen Kraft zum Wachsen, Blühen und Reifen?

Kurzer Moment der Stille

Eine Wurzel, ein Baumstumpf.
Von außen betrachtet scheinbar tot und leblos.
Weihnachten – das ist die menschgewordene Verheißung Gottes:
»Aus dem Baumstumpf Isais wächst ein Reis hervor,
ein junger Trieb aus seinen Wurzeln bringt Frucht.«

Selbst in aussichtslosen Lagen ist Hoffnung möglich.
Auch ein scheinbar toter Baumstumpf kann neue Triebe hervorbringen.

Was empfinden Sie als tot und leblos?
Wo wünschen und erhoffen Sie sich neues Leben, frische Triebe?

Kurzer Moment der Stille

Aktion

Wo wünschen und erhoffen Sie sich neues Leben? Notieren Sie Ihre Gedanken
und Bitten dazu bitte auf den ausgeteilten Blüten.
Teilnehmerinnen und Teilnehmer beschriften Blüten mit ihren Gedanken/Bitten.
Zum Lied »Dein Wort ist wie ein Regen« werden die Blüten dann auf die Wurzel
in der Mitte gelegt.

Lied

Dein Wort ist wie ein Regen (EH 18)

Gebet

Beten wir gemeinsam den Text der O-Antiphon.
Sie finden ihn auf den ausgeteilten Blättern:

O Wurzel Jesse,
gesetzt zum Zeichen für die Völker.
Vor dir verstummen die Mächtigen,
dich rufen die Völker.
Komm, o Herr,
erlöse uns;
zögere nicht länger.
A: Amen.

▨ Lied

Herr, send herab uns deinen Sohn (GL 222, Strophen 1 bis 4)

▨ Segen

Treuer Gott,
segne unser Warten und Hoffen in diesen Tagen des Advents.
Segne unsere Herkunft und unsere Zukunft.
Segne alles, was in unserem Leben neu erblühen und wachsen will,
mit deiner Gegenwart und Nähe.
Segne uns, du Vater, Sohn und Heiliger Geist (Kreuzzeichen).
A: Amen.

▨ Abschied

Als Erinnerung an unsere gemeinsame Adventsfeier möchte ich Ihnen gerne das
Blatt mit der O-Antiphon mit nach Hause geben. Vielleicht kann der Ruf Sie in
den Tagen bis Weihnachten im Gebet begleiten.

Weihnachtsfeiern

Ich bin die Tür

Weihnachtsfeier zum Jahreswechsel

Gruppengröße:	Beliebig. Die Teilnehmer/innen sitzen in Tischgruppen zu sechs bis acht Personen zusammen.
Dauer:	Ca. 40 bis 60 Minuten
Chancen:	Der Jahreswechsel ist für viele ein wichtiger und guter Anlass, sich zu besinnen, Rückschau zu halten und sich dem, was das neue Jahr bringt, zuzuwenden. Das Symbol der Tür versinnbildlicht auf eindrückliche Weise das Vergangene, das man zurücklässt und das Zukünftige, das noch ungewiss ist.
Hinweise:	Der Silvestertag trägt den Namen des römischen Papstes Silvester, der am 31. Dezember 335 verstarb. Ursprünglich ist der Tag ein Heiligen-Gedenktag und kein christlicher bzw. kirchlicher Feiertag im eigentlichen Sinn. Vielerorts haben sich in den Kirchengemeinden Gottesdienste zum Jahresschluss herausgebildet, die dem Bedürfnis nach Rückschau, Dank und Bitte im Kontext des Jahreswechsels entgegenkommen. Die vorliegende Feier möchte diesem Bedürfnis entsprechen und sollte deshalb in zeitlicher Nähe zum Silvestertag gehalten werden.
Materialien:	Als Tischdekoration: kleine Blumentöpfe mit Glücksklee (kann in Gärtnereien bezogen werden oder auch selbst ausgesät werden – Keimzeit von 7 bis 14 Tagen beachten!); in die Blumentöpfe können Wünsche für das neue Jahr gesteckt werden (z. B. »Ein glückliches neues Jahr!«); evtl. ausgestanzte Kleeblätter oder Ähnliches aus Papier (Stanzstempel sind in Spielwaren- oder Bastelläden erhältlich).

- Wenn möglich: eine große (ausgehängte) Türe (für alle sichtbar in der Mitte aufgestellt)
- Blatt mit (aufklappbarer) Türe – für jeden Teilnehmer ein Exemplar (siehe Bastelvorlage)

Vorlage auf buntes DIN A4 Papier ausdrucken. Türe an der Schnittlinie ausschneiden, so dass sie aufklappbar ist. Blatt in der Mitte falten und zusammenkleben – Türe bitte beim Kleben aussparen!

- Stifte
- Gotteslob
- Liederbuch Erdentöne – Himmelsklang
  (alternativ: Liedzettel)
- Bibel
- Evtl. für das Tür-Rätsel Fotos von markanten Türen aus der Gemeinde/Stadt (wenn digital, dann auch Beamer und Leinwand)

▨ Begrüßung

Ich begrüße Sie herzlich zu unserem gemeinsamen Nachmittag. Schön, dass Sie da sind!

Die Tür, die heute hier in unserer Mitte steht, weist auf die besondere Zeit hin, in der wir uns befinden: Wir stehen an der Schwelle eines neuen Jahres. Gemeinsam wollen wir heute innehalten, um Dank zu sagen für das Gute und Gelungene des vergangenen Jahres. Wir wollen auch das weniger Gelungene und Traurige bedenken und Gott um seinen Segen für das neue Jahr bitten.

Singen wir dazu gemeinsam zu Beginn das Lied »Lobpreiset all zu dieser Zeit«.

▨ Lied

Lobpreiset all zu dieser Zeit (GL 258, Strophen 1 bis 3)

▨ Impuls

Für ein Gespräch in Tischgruppen oder im Stuhlkreis mit den Sitznachbarn:

- Was haben Sie im vergangenen Jahr als schwer und belastend erfahren?
- Für was möchten Sie mit Blick auf das vergangene Jahr Gott loben und danken?

Tauschen Sie sich mit Ihren Sitz-/Tischnachbarn darüber aus!

▨ Bildbetrachtung

Zur Bildbetrachtung werden die Tür-Karten an alle Teilnehmerinnen und Teilnehmer ausgeteilt.

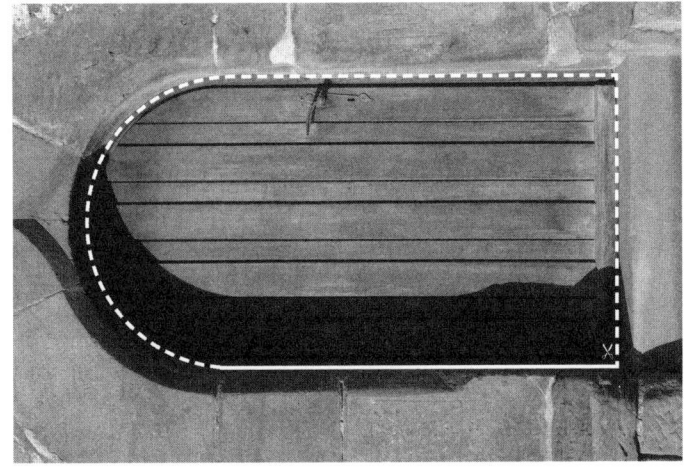

Ich sagte zu dem Engel
an der Schwelle des Jahres:
»Gib mir ein Licht,
damit ich festen Schrittes
in die Ungewissheit des neuen Lebens
schreiten kann.«

Aber er antwortete mir:
»Geh hinein in die Ungewissheit
und lege deine Hand in Gottes Hand,
das ist mehr wert als ein Licht
und sicherer, als den Weg zu wissen.«

Mündliche Überlieferung

(Kopiervorlage auch auf CD-ROM)

Sie sehen eine Türe. Sie ist geschlossen – wir wissen nicht, was uns beim Öffnen dahinter erwartet. Genauso stehen wir an der Schwelle des Jahres vor einer verschlossenen Tür. Keiner weiß genau, was ihn dahinter erwartet. Was das kommende Jahr bringen wird an Glück oder auch an Leid. Jeder von uns hat Pläne, Erwartungen, Vorsätze und Hoffnungen. Einige freudige Ereignisse werfen vielleicht schon ihren Schatten voraus: runde Geburtstage zum Beispiel oder auch die lang geplante Reise. Vielleicht haben manche von uns auch mit Blick auf das neue Jahr Ängste und Befürchtungen: Bleibe ich und meine Lieben im kommenden Jahr gesund? Werde ich meinen Aufgaben und Pflichten nachkommen können?

All das wollen wir jetzt bedenken und Gott anvertrauen.

Impuls

Zur Einzelbesinnung:

Bitte überlegen Sie sich dazu in Ruhe:
- Welche Pläne und Hoffnungen und
- welche Ängste und Befürchtungen Sie mit Blick auf das neue Jahr haben.
Schreiben Sie die wichtigsten Gedanken in die geöffnete Türe auf dem ausgeteilten Blatt!

Überleitung zur Schriftlesung

Auch in der Bibel taucht das Symbol der Türe auf: Im Evangelium nach Johannes sagt Jesus über sich: *»Ich bin die Tür; wer durch mich hineingeht, wird gerettet werden.«* Hören wir dazu die Schriftlesung:

Schriftlesung: Johannes 10, 7–10

Weiter sagte Jesus zu ihnen: Amen, amen, ich sage euch: Ich bin die Tür zu den Schafen. Alle, die vor mir kamen, sind Diebe und Räuber; aber die Schafe haben nicht auf sie gehört. Ich bin die Tür; wer durch mich hineingeht, wird gerettet werden; er wird ein- und ausgehen und Weide finden. Der Dieb kommt nur, um zu stehlen, zu schlachten und zu vernichten; ich bin gekommen, damit sie das Leben haben und es in Fülle haben.

▪ Gedanken zur Schriftlesung

Als der Evangelist Johannes diesen Text niederschrieb, gab es bereits erste Spaltungen innerhalb der christlichen Gemeinden. Es gab unterschiedliche Wortführer, die für sich Autorität und Deutungshoheit in Glaubensfragen beanspruchten. Johannes sieht in Jesus den alleinigen Heilsbringer. Nur im Glauben an ihn als Sohn Gottes ist seiner Meinung nach Rettung und Heil möglich. Deshalb auch das *Ich* bin die Tür, wer durch *mich* hineingeht wird Rettung erfahren.

An der Schwelle eines neuen Jahres macht Gott uns mit diesem Satz ein großes Versprechen: Er verspricht uns ein Leben in Fülle. Wer ihn als Tür begreift, die Zugang zu allem Leben ist, der wird das kommende Jahr als ein erfülltes und nicht sinnentleertes erleben.

Wer Gott als Tür zum Leben begreift, dem kann im kommenden Jahr ein Leben in Fülle gelingen. Und dass wir uns da nicht falsch verstehen: Leben in Fülle meint nicht ewige Glückseligkeit im Jenseits. Leben in Fülle beginnt bereits hier und heute in ... *(Ort),* in diesem Raum, heute Nachmittag/Abend.

Ein Leben in Fülle meint kein Leben ohne Probleme oder ein Leben auf der ewigen Sonnenseite.

Das gibt es nicht – das wissen wir alle zu gut.

Ein Leben in Fülle, das bedeutet: Mit Gott an meiner Seite kann ich das Leben in Fülle – das heißt ein Leben in seiner ganzen Bandbreite durchleben, mit seinen Glanzpunkten, Hochzeiten und Erfolgen, aber auch mit seiner Bitternis, seinem Leid und seinen Ungerechtigkeiten. Ein Leben in Fülle umschließt alle menschlichen Erfahrungen – auch die des Leids und der scheinbaren Gottverlassenheit. Wenn ich das kommende Jahr als ein von Gott gewolltes und getragenes Leben begreife, dann kann es ein erfülltes Jahr werden. Sogar dann, wenn ich es selbst nicht mehr tragen kann und will, ist er die Tür zum Leben ist er der Ich-bin-da.

Das betont auch der Text, den Sie auf der Rückseite ihrer Karte finden:

Ich sagte zu dem Engel
an der Schwelle des Jahres:
»Gib mir ein Licht,
damit ich festen Schrittes
in die Ungewissheit des neuen Lebens
schreiten kann.«
Aber er antwortete mir:
»Geh hinein in die Ungewissheit
und lege deine Hand in Gottes Hand,
das ist mehr wert als ein Licht
und sicherer, als den Weg zu wissen.«

Mündliche Überlieferung

Aktion

Teilnehmer ergänzen ihren Zettel mit dem Satz »*Ich bin die Tür; wer durch mich hineingeht, wird gerettet werden*«.

Im Vertrauen auf Gottes Begleitung und Nähe im neuen Jahr singen wir gemeinsam das Lied »Von guten Mächten wunderbar geborgen«.

Lied

Von guten Mächten (GL 430, EH 123, Strophen 1, 2 und 5)

Gebet

Treuer Gott,
wir stehen an der Schwelle des neuen Jahres.
Dankbar blicken wir auf das Vergangene zurück,
auf all die guten Erfahrungen,
auf die Freude und das Glück, das du uns geschenkt hast.

Adventsfeiern

Nimm von uns alles, was uns mit Blick auf das vergangene Jahr
belastet und bedrückt.
Stärke uns mit deiner Gegenwart,
damit wir voller Zuversicht und Hoffnung
in deinem Namen das neue Jahr beginnen.
Darum bitten wir durch Jesus Christus, unseren Bruder und Herrn.
A: Amen.

▨ Segen

Gott ist die Tür in ein neues Jahr.
Er ist die Tür in eine gesegnete Zukunft.
Er begleite unsere Wege im neuen Jahr.
Er sei uns nahe in aller Freude und allem Glück.
Er verlasse uns nicht in Leid und Not,
und schenke uns Hoffnung und Frieden.
Und so segne uns und alle, für die wir beten,
der gute und treue Gott, der Vater,
der Sohn und der Heilige Geist (Kreuzzeichen).
A: Amen.

▨ Lied

Macht hoch die Tür (GL 218, Strophen 1, 2 und 5)

▨ Abschied

Als Erinnerung an unsere Feier zum Jahreswechsel lade ich Sie ein, die Türe mit
Ihren Plänen, Hoffnungen und Befürchtungen für das kommende Jahr und der
Zusage Gottes mit nach Hause zu nehmen. Vielleicht können Sie im Laufe des
Jahres darauf ergänzen, was Sie an Schönem erleben werden. Ich wünsche
Ihnen allen, dass es ein Jahr reich an Gottes Segen sein wird.

▨ Ausklang

Tür-Rätsel

Passend zum Thema der gemeinsamen Feier zum Jahreswechsel können als Ausklang Fotos von markanten Türen aus der Gemeinde/Stadt gezeigt werden (ausgedruckt oder digital via Beamer). Die Teilnehmer und Teilnehmerinnen sollen erraten, um welches Gebäude es sich handelt.

Dem Stern folgen

Weihnachtsfeier zum Fest Dreikönig

Gruppengröße:	Beliebig. Die Teilnehmer/innen sitzen in Tischgruppen zu sechs bis acht Personen zusammen.
Dauer:	Ca. 40 bis 60 Minuten
Chancen:	Nicht zuletzt aufgrund der öffentlichkeitswirksamen Sternsingeraktion des päpstlichen Kindermissionwerkes ist das Dreikönigfest, auch Epiphanie (Erscheinung des Herrn) genannt, in der Öffentlichkeit weit über kirchliche Kreise hinaus bekannt. Aus der darstellenden Kunst sind uns die Weisen aus dem Morgenland meist vertraut, wie sie dem Kind in der Krippe anbetend ihre Gaben darbringen. Demgegenüber ist das romanische Kapitell »Der Traum der Könige« aus der Kathedrale Saint Lazare eine eher ungewöhnliche Darstellung, die einen anderen Zugang zum Fest Dreikönig eröffnet: Zu Jesus finden die, die Gott im Schlaf vertrauen, und, von Engeln geleitet, dem Stern gemeinsam folgen.
Hinweise:	Der Dreikönigstag wird am 6. Januar gefeiert. Es bietet sich an, das vorliegende Modell in zeitlicher Nähe zu diesem Termin zu nutzen. Für diese weihnachtliche Besinnung eignet sich ein Stuhlkreis mit einer gestalteten Mitte (dunkelblaues Tuch – darauf liegen viele kleinere Sterne und ein großer Stern von Bethlehem). Alternativ können Tischgruppen mit blauen Tüchern/Servietten und Sternen dekoriert sein.
Materialien:	<ul><li>Bibel</li><li>Dunkelblaues Tuch</li><li>Blatt mit Bild »Der Traum der Könige« für jeden Teilnehmer</li><li>Ein Stern aus Papier für jeden Teilnehmer zum Beschriften</li><li>Ruhige Instrumentalmusik für die Einzelbesinnung</li><li>Dreikönigskuchen (Rezept siehe folgende Seiten)</li></ul>

◼ Begrüßung

»Dem Stern folgen«, so ist unsere weihnachtliche Feierstunde überschrieben, zu der ich Sie herzlich begrüßen darf. Sterne gehören zur Advents- und Weihnachtszeit – sie zieren unsere Fenster, Christbäume und weihnachtlichen Gestecke. Seit alters her sind sie Himmelszeichen, die auf Erden den Weg weisen. 26 Mal wird in der Bibel von Sternen erzählt.

Kein Schiff kam früher in den sicheren Hafen, ohne sich von den Sternen führen zu lassen. Sie zeigen den Weg und geben Orientierung. In der Advents- und Weihnachtszeit stehen sie für das Licht, das mit der Menschwerdung Gottes in unsere Welt gekommen ist. Und natürlich verweisen die vielen Sterne auf den einen Stern von Bethlehem, der den Weisen aus dem Morgenland den Weg weist. Am 6. Januar feiert die Kirche den Dreikönigstag, der auch Epiphanias (griechisch, Fest der Erscheinung des Herrn) genannt wird.

Im Evangelium nach Matthäus wird uns darüber berichtet:

◼ Schriftlesung: Matthäus 2,1–12

Als Jesus zur Zeit des Königs Herodes in Betlehem in Judäa geboren worden war, kamen Sterndeuter aus dem Osten nach Jerusalem und fragten: Wo ist der neugeborene König der Juden? Wir haben seinen Stern aufgehen sehen und sind gekommen, um ihm zu huldigen. Als König Herodes das hörte, erschrak er und mit ihm ganz Jerusalem. Er ließ alle Hohenpriester und Schriftgelehrten des Volkes zusammenkommen und erkundigte sich bei ihnen, wo der Messias geboren werden solle. Sie antworteten ihm: In Betlehem in Judäa; denn so steht es bei dem Propheten: Du, Betlehem im Gebiet von Juda, bist keineswegs die unbedeutendste unter den führenden Städten von Juda; denn aus dir wird ein Fürst hervorgehen, der Hirt meines Volkes Israel.

Danach rief Herodes die Sterndeuter heimlich zu sich und ließ sich von ihnen genau sagen, wann der Stern erschienen war. Dann schickte er sie nach Betlehem und sagte: Geht und forscht sorgfältig nach, wo das Kind ist; und wenn ihr es gefunden habt, berichtet mir, damit auch ich hingehe und ihm huldige.

Nach diesen Worten des Königs machten sie sich auf den Weg. Und der Stern, den sie hatten aufgehen sehen, zog vor ihnen her bis zu dem Ort, wo das Kind war; dort blieb er stehen. Als sie den Stern sahen, wurden sie von sehr großer Freude erfüllt. Sie gingen in das Haus und sahen das Kind und Maria, seine

Mutter; da fielen sie nieder und huldigten ihm. Dann holten sie ihre Schätze hervor und brachten ihm Gold, Weihrauch und Myrrhe als Gaben dar. Weil ihnen aber im Traum geboten wurde, nicht zu Herodes zurückzukehren, zogen sie auf einem anderen Weg heim in ihr Land.

Lied

Gottes Wort ist wie Licht in der Nacht (GL 450)

Impuls

Zum Fest Dreikönig:

Die Bibel berichtet lediglich von Weisen aus dem Morgenland. Im Rückgriff auf Texte aus dem Alten Testament, die die Geburt des Messias ankündigen (z. B. Numeri 24, 17 und Psalm 72, 10–15), hat man sie im 6. Jahrhundert zu Königen umgedeutet und ihre Zahl entsprechend der Geschenke (Gold, Weihrauch und Myrrhe) auf die Zahl Drei festgelegt.
Im Evangelium nach Matthäus haben die Weisen auch noch keine Namen – die kommen erst im 19. Jahrhundert hinzu: Caspar, Melchior und Balthasar.

Bildbetrachtung

Der Traum der Könige

In der Kunst gibt es zahlreiche Darstellungen der drei Könige – meist werden sie das Kind und die Mutter anbetend abgebildet oder wie sie ihre Gaben dem Kind in der Krippe überreichen. Einer davon abweichenden Darstellung werden wir uns heute gemeinsam nähern.

Der Traum der Könige, Kapitell aus der Kathedrale St. Lazare in Autun (Burgund/Frankreich), 12. Jahrhundert

Sie sehen ein romanisches Kapitell, also einen Säulenaufsatz, aus der Kathedrale Saint Lazare in Autun. Sie liegt im Herzen Burgunds, der Region in Frankreich, die für ihren Wein, aber auch für ihre herrlichen Kirchen berühmt ist. Das Kapitell stammt aus dem 12. Jahrhundert und ist ein Werk des Steinmetzmeisters Gislebertus, der auch das Portal und die übrigen Steinmetzarbeiten der Kirche mit großer Liebe zum Detail geschaffen hat.

Das Relief auf dem Kapitell wird in der kunstgeschichtlichen Literatur als »Traum der Könige« tituliert. Zu sehen sind die Heiligen Drei Könige – erkennbar durch ihre Kronen – und ein Engel. Über ihnen schwebt der Stern von Bethlehem. Die drei Könige liegen gemeinsam in einem Bett unter einer Decke. Damals durchaus nicht unüblich. Drei auf einer Bettstatt, unter einer Decke: Das ist ein Symbol der Vertrautheit, ja der Einheit.

Bei näherer Betrachtung kann man erkennen, dass die drei Männer unterschiedlichen Alters sind: Ganz vorne mit Vollbart liegt wohl der älteste, in der Mitte ohne Bart der Jüngling und ganz oben dann mit Schnauzbart der erwachsene Mann. Die drei Könige symbolisieren also auch die unterschiedlichen Lebensphasen des Menschen – sie zeigen den Menschen – sie zeigen uns. Bett und Decke sind mit großer Sorgfalt und Liebe zum Detail dargestellt – betrach-

Adventsfeiern

ten Sie das Kissen, den Bettpfosten und vor allem auch den Faltenwurf der reich verzierten Decke. Er erinnert an die Kreise, die ein Stein zieht, wenn er ins Wasser fällt. Auch die himmlische Botschaft des Sterns von Bethlehem zieht ihre Kreise.

In der Kunstgeschichte stehen die drei Könige auch für Körper, Geist und Seele. Der unterste König schläft. Er steht für unseren Körper. Der mittlere König steht für den Geist, die Rationalität, die Vernunft. Auch er schläft. Weder Körper, also Sinne, noch unser Verstand können das Göttliche erfassen. Nur der oberste König, der vom Engel berührt wird, hat beide Augen geöffnet. Er ist hellwach. Er steht für die Seele, die sich für die Botschaft Gottes öffnet. Der Engel tritt an dieses Bett heran und berührt ganz zart, nur mit dem ausgestreckten Zeigefinger der rechten Hand, den Ringfinger des obersten Königs. Sachte weckt er ihn aus seinem Schlaf. Der König hat bereits seine Augen offen. Der Engel weist mit dem ausgestreckten Zeigefinger der linken Hand auf den Stern als wollte er sagen: »Wacht auf, folgt dem Stern, erkennt, was wichtig ist!«

Lied

Stern über Bethlehem, zeig uns den Weg (GL 261)

Meditation

Folgen wir dem Stern!
Lasst auch uns auf die abenteuerliche Reise
des Herzens zu Gott gehen!
Lasst uns vergessen, was hinter uns liegt!
Es ist noch alles Zukunft.
Es sind noch alle Möglichkeiten des Lebens offen,
weil wir noch Gott finden,
noch mehr finden können.
Nichts ist vorbei und dem verloren,
der Gott entgegenläuft,
dem Gott,
der die ewige Jugend ist.

Karl Rahner

■ Impuls

Zur Einzelbesinnung:

Ich lade Sie ein, sich in einer Zeit der Stille weiter mit dem Bild auseinander-zusetzen. Dazu werde ich einige Impulsfragen stellen:

- Wer ist mir Weggefährte auf meinem Lebensweg, der mir hilft und dem ich helfe, gemeinsame Ziele zu erreichen?

Kurze Stille – evtl. mit Instrumentalmusik unterlegt

- Wer oder was sind meine Sterne? Woran orientiere ich mich?

Teilnehmer schreiben dies auf kleine Sterne.
Kurze Stille – evtl. mit Instrumentalmusik unterlegt

- Gab oder gibt es in meinem Leben Engel, die mich auf das hinweisen, was wirklich wichtig ist?

Kurze Stille – evtl. mit Instrumentalmusik unterlegt

- Nur in der Nacht sind die Sterne zu sehen. Kann ich Dunkelheit ertragen und warten, bis mir ein Stern die Richtung weist?

Kurze Stille – evtl. mit Instrumentalmusik unterlegt

- Kann ich Gott im Schlaf vertrauen?

Kurze Stille – evtl. mit Instrumentalmusik unterlegt

■ Aktion

Beschriftete Sterne:

Die beschrifteten Sterne werden reihum in die Mitte gelegt. Wer mag, kann auch in Stichworten sagen, was darauf steht. Dazu wird der Kanon »Mir ist ein Licht aufgegangen« gesungen.

Lied

Mir ist ein Licht aufgegangen (KifaG 138)

T: Reinhard Bäcker; M: Detlev Jöcker, © Menschenkinder Verlag u. Vertrieb GmbH, Münster

Gebet

Treuer Gott,
lass uns wachsam und aufmerksam sein für deine Botschaft.
Schick uns Engel, die uns auf das hinweisen, was im Leben wichtig ist.
Stelle uns Weggefährten zur Seite, die uns treu begleiten.
Und hilf uns in den Dunkelheiten unseres Lebens nicht zu verzweifeln,
sondern unsere Hoffnung auf das Licht deiner Gnade zu richten.
Darum bitten wir durch Christus, unseren Bruder und Herrn.
A: Amen.

Über die Tradition

Der Dreikönigskuchen

In einigen Ländern und Regionen – zum Beispiel in Frankreich, in der Schweiz, in Spanien, Portugal und Mexiko – wird am Dreikönigstag ein traditionelles Festtagsgebäck gebacken, der Dreikönigskuchen. Dabei handelt es sich um ein Reis- oder Hefegebäck, bei dem sechs Teigteile um ein mittleres Stück angeordnet sind, sodass das Gebäck einer Krone ähnelt.
Die Rezepte sind, je nach Region, recht unterschiedlich. Allen Dreikönigskuchen gemein ist jedoch, dass eine getrocknete Bohne, eine Mandel, eine Münze oder ein anderer kleiner Gegenstand darin eingebacken wird. Wer beim Essen seines Kuchenstücks auf diesen Glücksbringer stößt, ist für diesen Tag König der Familie.

Abschied

Zum Abschluss unseres heutigen Nachmittags möchte ich Sie einladen, dieses Brauchtum gemeinsam bei Kaffee oder Tee zu genießen.

Jeder erhält als Abschiedsgeschenk das Rezept:

Rezept für den Dreikönigskuchen

Für den Teig:

600 g Mehl

40 g Hefe

1 Eigelb

1 Prise Salz

Mark einer Vanilleschote

200 g Rosinen

1/8 l Milch

2 kleine Eier

50 g Zucker

Schale einer unbehandelten Zitrone

250 g weiche Butter

100 g gehackte Mandeln

Zum Bestreuen:

1 EL Mandelsplitter

1 EL Hagelzucker

1 große weiße Trockenbohne

Zubereitung

Das Mehl in eine Schüssel sieben, in die Mitte eine Mulde drücken. Die Hefe in einen Becher bröseln, die Milch erwärmen, die Hefe darin auflösen und in die Mulde geben. Mit etwas Mehl verrühren. Mit einem Tuch bedeckt ca. 20 Minuten an einem warmen Ort gehen lassen.

Die aufgegangene Hefe vorsichtig mit dem Mehl vermengen. Eier, Eigelb, Zucker, Salz, Zitronenschale und Vanillemark miteinander verrühren und zu der Mehl-Hefemischung geben. Die Butter in Flöckchen darüber verteilen und alles mit dem Knethaken der Küchenmaschine 15 Minuten lang durchkneten, bis sich der Teig vom Schüsselrand löst.

Den Teig mit einem Tuch bedecken und an einem warmen Ort eine Stunde gehen lassen. Den Teig mit bemehlten Händen gut durchkneten. Sollte er zu weich sein, noch etwas Mehl unterkneten. Den Teig bedeckt noch einmal eine Stunde bei Zimmertemperatur gehen lassen, anschließend wieder durchkneten. Den Teig in sieben Teile teilen, wovon der eine ein etwas größeres Volumen haben soll als die anderen sechs. Aus den Teigstücken Kugeln formen. Die Bohne dabei in ein Teigstück drücken.

Den Ofen auf 170 Grad vorheizen. Backpapier auf die Fettpfanne des Backofens legen, die größere Kugel in die Mitte der Fettpfanne geben und die anderen Kugeln ringsum andrücken. Mit Mandelsplitter und Hagelzucker bestreuen. Den Kuchen noch einmal 15 Minuten gehen lassen und dann ca. 45 Minuten backen.

Christa Spilling-Nöker

Ich bin getauft und Gott geweiht

Weihnachtsfeier zum Fest Taufe des Herrn

Gruppengröße:	Beliebig. Die Teilnehmer/innen sitzen in Tischgruppen zu sechs bis acht Personen zusammen.
Dauer:	Ca. 40 bis 60 Minuten
Chancen:	Nach dem Advent und den weihnachtlichen Festtagen wenden wir uns in der Regel wieder schnell den Aufgaben des Alltags zu. Das Fest Taufe des Herrn gerät dabei oft auch bei der Gestaltung von Seniorennachmittagen aus dem Blick, obwohl es (noch) zur Weihnachtszeit gehört und eine Fülle an Gestaltungsmöglichkeiten bietet.
	In dieser Vorlage wird die Bedeutung der Taufe und deren Zeichenhandlungen aufgegriffen. Im Sinne eines Taufgedächtnisses werden die Teilnehmer/-innen an die eigene Taufe erinnert.
Hinweise:	Am Sonntag nach Epiphanie (6. Januar) feiert die Kirche das Fest Taufe des Herrn. Damit endet die Weihnachtszeit. Aller Weihnachtsschmuck, der Zeichen der weihnachtlichen Festzeit ist, wird weggeräumt. Die Krippendarstellungen können noch bis zum Fest Darstellung des Herrn (2. Februar), auch Mariä Lichtmess genannt, stehen bleiben.
	Für die Besinnung eignet sich ein Stuhlkreis mit einer gestalteten Mitte: ein blaues Tuch mit schön gestalteter Bibel und brennender Osterkerze; weitere Gegenstände (Taufkleid, Taufkerze, Wasserkrug mit Weihwasser und evtl. Chrisamöl) kommen im Verlauf noch dazu.
Materialien:	<ul><li>Taufkleid</li><li>Taufkerze</li><li>Osterkerze</li><li>Wasserkrug mit Weihwasser</li><li>Evtl. Chrisamöl (kann über die Pfarrbüros bestellt bzw. entliehen werden)</li><li>Bibel</li><li>Zettel mit dem Satz »Du bist meine geliebte Tochter« und Zettel mit dem Satz »Du bist mein geliebter Sohn« (entsprechend der Zahl der Teilnehmer und Teilnehmerinnen)</li><li>Stifte</li><li>Gotteslob</li></ul>

■ Begrüßung

Ich darf Sie herzlich zu unserem Seniorennachmittag begrüßen. Im Mittelpunkt unseres heutigen Treffens steht die Taufe und das hat auch seinen Grund, denn am Sonntag nach Epiphanie (Erscheinung des Herrn) feiert die Kirche das Fest Taufe des Herrn.

Mit diesem Fest endet die Weihnachtszeit. In den Kirchen wird der weihnachtliche Schmuck abgebaut – die Krippen bleiben vielerorts noch bis zur Darstellung des Herrn (Mariä Lichtmess) am 2. Februar stehen. Wir wollen uns heute mit dem Fest »Taufe des Herrn« auseinandersetzen und uns an unsere eigene Taufe erinnern.

Hören wir dazu zunächst den entsprechenden Abschnitt aus dem Neuen Testament:

■ Schriftlesung: Markus 1, 9–17

In jenen Tagen kam Jesus aus Nazareth in Galiläa und ließ sich von Johannes im Jordan taufen. Und als er aus dem Wasser stieg, sah er, dass der Himmel sich öffnete und der Geist wie eine Taube auf ihn herabkam. Und eine Stimme aus dem Himmel sprach: Du bist mein geliebter Sohn, an dir habe ich Gefallen gefunden.

■ Impuls

Zum Sakrament der Taufe:

Mit der Taufe werden wir Menschen in die Gemeinschaft der Glaubenden, in die Kirche aufgenommen. In den Augen Gottes sind wir damit alle »geliebte Söhne und Töchter«, seine Kinder. Mit der Taufe erfüllt die Kirche den Auftrag Jesu, der im Evangelium nach Matthäus überliefert ist: »Macht alle Menschen zu meinen Jüngern, indem ihr sie tauft auf den Namen des Vaters und des Sohnes und des Heiligen Geistes« (Matthäus 28, 19).

In der Tauffeier werden wichtige Zeichenhandlungen vorgenommen, denen wir uns nun zuwenden werden:

- Das Übergießen mit Taufwasser

  Das Übergießen mit oder auch das Eintauchen in das Taufwasser erinnert uns daran, dass wir mit Christus in den Tod hinein getaucht werden, um aufzutauchen in ein neues Leben. Alle Schuld wird von uns abgewaschen. Wir sind neue Menschen. Dabei spricht der Priester oder Diakon: »N. (Name des Taufbewerbers), ich taufe dich im Namen des Vaters und des Sohnes und des Heiligen Geistes.«

- Die Salbung mit Chrisam

  Nach der Taufe salbt der Priester oder Diakon die Neugetauften mit Chrisam. Chrisam ist eine kostbare Mischung aus Olivenöl und Balsam. In der Antike wurden Könige, Priester und Propheten zum Zeichen ihrer Erwählung und Würde damit gesalbt. Die Jünger und Jüngerinnen nannten Jesus nach seiner Auferstehung »Christus«, auf Deutsch »Gesalbter«. Wer getauft ist, gehört zu Christus, dem Gesalbten. Wie er sind wir als Christen erwählt und berufen zum König, Priester und Propheten.

- Das Überreichen des Taufkleides

  Danach wird ein weißes Kleid (Taufkleid) überreicht. Das weiße Kleid erinnert daran, dass mit der Taufe alle Sünden »abgewaschen« sind und wir nun von der Erbschuld befreit rein vor Gott stehen. In der Taufe haben wir, wie Paulus es an die Gemeinde in Galatien schreibt, Christus »angezogen«: »Denn ihr alle, die ihr auf Christus getauft seid, habt Christus (als Gewand) angelegt« (Galater 3, 27). Das Taufkleid versinnbildlicht den Beginn eines neuen Lebens und erinnert mit der weißen Farbe auch an die Auferstehung.

- Das Entzünden der Taufkerze

  Danach wird die Taufkerze an der Osterkerze entzündet. Die brennende Taufkerze symbolisiert die Beziehung zu Jesus Christus, dem Licht der Welt. Die Taufkerze wird mit nach Hause genommen. Sie soll dort weiter an die Taufe und die Zugehörigkeit zu Christus erinnern. An besonderen Anlässen, wie zum Beispiel am Geburts- oder Namenstag, kann die Kerze angezündet werden.

- Der Effata-Ritus

Zuletzt berührt der Priester oder Diakon Ohren und Mund des Täuflings in Erinnerung an die Heilung des Taubstummen, dem Jesus Sprache und Gehör wiedergegeben hat. Er spricht dabei: »Effata!« (aramäisch, »Öffne dich!«). Der Effata-Ritus erinnert daran, dass wir Menschen aus eigener Kraft nicht zu glauben vermögen. Es ist die Bitte, dass er diesem Kind helfe, seine Botschaft zu hören und zu verkünden.

Die Botschaft verkünden – das wollen wir jetzt tun mit dem Lied: »Lasst uns loben, freudig loben«.

Lied

Lasst uns loben, freudig loben (GL 489, Strophen 1 bis 3)

Impuls

Für den Austausch in den Tischgruppen oder im Stuhlkreis mit Sitznachbarn:

- Wann und wo wurde ich getauft?
- Auf welchen Namen wurde ich getauft? (Taufname auf entsprechenden Zetteln ergänzen)
- Kann ich etwas zur Bedeutung meines Namens sagen?
- Warum haben meine Eltern diesen Namen gewählt?

Aktion

Taufgedächtnis
Reihum nennen die Teilnehmer und Teilnehmerinnen ihre Namen und legen die Zettel in die Mitte zur Osterkerze – wir gehören durch die Taufe zu Christus, der symbolisch im Zeichen der Osterkerze unter uns ist. Zur Erinnerung an die eigene Taufe können die Teilnehmer und Teilnehmerinnen sich mit dem Weihwasser bekreuzigen.

▮ Lied

Ich bin getauft und Gott geweiht (GL 491, Strophen 1 bis 3)

▮ Schriftlesung: Jesaja 43,1–3a

Jetzt aber – so spricht der Herr, der dich geschaffen hat, Jakob, und der dich geformt hat, Israel: Fürchte dich nicht, denn ich habe dich ausgelöst, ich habe dich beim Namen gerufen, du gehörst mir. Wenn du durchs Wasser schreitest, bin ich bei dir, wenn durch Ströme, dann reißen sie dich nicht fort. Wenn du durchs Feuer gehst, wirst du nicht versengt, keine Flamme wird dich verbrennen. Denn ich, der Herr, bin dein Gott, ich, der Heilige Israels, bin dein Retter.

▮ Vaterunser

Gott ruft uns bei seinem Namen. Wir sind seine Kinder, von ihm geschaffen und geliebt. Wir dürfen ihn Vater nennen und beten, wie Jesus uns zu beten gelehrt hat: Vater unser im Himmel, …

▮ Gebet

Treuer Gott, durch die Taufe sind wir deine geliebten Kinder. Hilf uns als solche deine frohe Botschaft zu hören und zu verkünden. Darum bitten wir durch Jesus Christus, unseren Bruder und Herrn.
A: Amen.

▮ Abschied

Als Erinnerung an unseren gemeinsamen Nachmittag dürfen Sie gerne die Zettel mit ihrem Taufnamen mit nach Hause nehmen. Er soll Sie über diesen Tag hinaus daran erinnern, dass Sie geliebte Tochter bzw. geliebter Sohn Gottes sind.

Materialsammlung

Kurzzitate

Zitate aus der Bibel oder von berühmten Persönlichkeiten bringen nicht nur auf den Punkt, was uns am Herzen liegt oder auf der Seele brennt. Auch bei der Arbeit mit Senioren können sie wertvolle Inspiration für spirituelle Impulse bieten. Eine kleine thematische Auswahl soll hier weiterhelfen:

Das Volk, das im Dunkel lebt, sieht ein helles Licht; über denen, die im Land der Finsternis wohnen, strahlt ein Licht auf.

Jesaja 9, 1

Eine Stimme ruft: Bahnt für den Herrn einen Weg durch die Wüste!
Baut in der Steppe eine ebene Straße für unseren Gott!
Jedes Tal soll sich heben, jeder Berg und Hügel sich senken.
Was krumm ist, soll gerade werden, und was hüglig ist, werde eben.

Jesaja 40, 3

Taut, ihr Himmel, von oben, ihr Wolken, lasst Gerechtigkeit regnen! Die Erde tue sich auf und bringe das Heil hervor, sie lasse Gerechtigkeit sprießen. Ich, der Herr, will es vollbringen.

Jesaja 45, 8

Fürchtet euch nicht, denn ich verkünde euch eine große Freude, die dem ganzen Volk zuteilwerden soll: Heute ist euch in der Stadt Davids der Retter geboren; er ist der Messias, der Herr.

Lukas 2, 10–11

Eine Stimme ruft in der Wüste: Bereitet dem Herrn den Weg! Ebnet ihm die Straßen! Jede Schlucht soll aufgefüllt werden, jeder Berg und Hügel sich senken. Was krumm ist, soll gerade werden, was uneben ist, soll zum ebenen Weg werden. Und alle Menschen werden das Heil sehen, das von Gott kommt.

Lukas 3, 4–6

Wird Christus tausendmal zu Bethlehem geboren, und nicht in dir, du bleibst verloren.

Angelus Silesius

Die Geburt Jesu in Bethlehem ist keine einmalige Geschichte, sondern ein Geschenk, das immer bleibt.

Martin Luther

Gott kam durch die Hintertür in diese Welt.

Martin Luther

Nach Hause kommen, das ist es, was das Kind von Bethlehem allen schenken will, die weinen, wachen und wandern auf dieser Erde.

Friedrich von Bodelschwingh

Eine Gefängniszelle ist ein ganz guter Vergleich für die Adventssituation; man wartet und hofft und tut dies oder jenes – die Tür ist verschlossen und kann nur von außen geöffnet werden.

Dietrich Bonhoeffer

Gott wird ein Mensch, damit die Menschen Gotteskinder werden können.

Edith Stein

Was wir an Weihnachten feiern, ist alles andere als eine Idylle. Die Krippe, die wir längst in unsere warmen Stuben geholt haben, stand bekanntlich im Stall. Niemand war da, der der schwangeren Frau und dem jungen Mann aus Nazareth in Galiläa menschenwürdige Bleibe zu geben bereit war. Kaum war das Kind zur Welt gekommen, musste die junge Familie fliehen, weil Herodes, der machtbesessene Herrscher, dem Kind Jesus nach dem Leben trachtete. Flüchtlinge waren sie, politisch Verfolgte, Asylsuchende.

Walter Kasper

Weihnachten ist das Rufen Gottes nach Liebe unter den Menschen, nach Verständnis und Versöhnung, nach Frieden und Freundschaft.

Phil Bosmans

Die meisten Leute feiern Weihnachten, weil die meisten Leute Weihnachten feiern.

Kurt Tucholsky

Gedichte zu Advent und Weihnachten

Advents- und Weihnachtsgedichte sind überaus beliebt und vielseitig einsetzbar, gerade bei älteren Menschen. Eine Auswahl der bekanntesten und beliebtesten Gedichte, die nicht selten auswendig gelernt wurden und deshalb viele Erinnerungen wachrufen, gibt es hier:

Immer ein Lichtlein mehr

Immer ein Lichtlein mehr
im Kranz, den wir gewunden,
dass er leuchte uns so sehr
durch die dunklen Stunden.

Zwei und drei und dann vier!
Rund um den Kranz welch ein Schimmer,
und so leuchten auch wir,
und so leuchtet das Zimmer.

Und so leuchtet die Welt
langsam der Weihnacht entgegen.
Und der in Händen sie hält,
weiß um den Segen!

Matthias Claudius

Advent

Es treibt der Wind im Winterwalde
die Flockenherde wie ein Hirt,
und manche Tanne ahnt wie balde
sie fromm und lichterheilig wird,
und lauscht hinaus. Den weißen Wegen
streckt sie die Zweige hin – bereit,
und wehrt dem Wind und wächst entgegen
der einen Nacht der Herrlichkeit!

Rainer Maria Rilke

Es ist das ganze Leben

Es ist das ganze Leben
für den, der Jesus kennt,
ein stetes, stilles Warten
auf seligen Advent.

Er kommt, heißt unser Glaube,
er kommt, heißt unser Trost,
wir hoffen in der Stille
und wenn das Wetter tost.

Wir schauen auf im Kampfe,
wir seufzen oft im Dienst:
Ach, dass du kämst, Herr Jesu,
ach, dass du bald erschienst!

Hedwig von Redern

Verse zum Advent

Noch ist Herbst nicht ganz entflohn,
Aber als Knecht Ruprecht schon
Kommt der Winter hergeschritten,
Und alsbald aus Schnees Mitten
Klingt des Schlittenglöckleins Ton.

Und was jüngst noch, fern und nah,
Bunt auf uns herniedersah,
Weiß sind Türme, Dächer, Zweige,
Und das Jahr geht auf die Neige,
Und das schönste Fest ist da.

Tag du der Geburt des Herrn,
Heute bist du uns noch fern,
Aber Tannen, Engel, Fahnen
Lassen uns den Tag schon ahnen,
Und wir sehen schon den Stern.

Theodor Fontane

Der Stern

Hätt' einer auch fast mehr Verstand
als wie die drei Weisen aus Morgenland
und ließe sich dünken, er wär wohl nie
dem Sternlein nachgereist wie sie;
dennoch, wenn nun das Weihnachtsfest
seine Lichtlein wonniglich scheinen läßt,
fällt auch auf sein verständig Gesicht,
er mag es merken oder nicht,
ein freundlicher Strahl
des Wundersternes von dazumal.

Wilhelm Busch

Weihnachtslied

Vom Himmel in die tiefsten Klüfte
ein milder Stern hernieder lacht;
vom Tannenwalde steigen Düfte
und hauchen durch die Winterlüfte
und kerzenhelle wird die Nacht.

Mir ist das Herz so froh erschrocken,
das ist die liebe Weihnachtszeit!
Ich höre fernher Kirchenglocken
mich lieblich heimatlich verlocken
in märchenstiller Herrlichkeit.

Ein frommer Zauber hält mich wieder,
anbetend, staunend muss ich stehn;
es sinkt auf meine Augenlider
ein goldner Kindertraum hernieder,
ich fühl's, ein Wunder ist geschehn.

Theodor Storm

Weihnachten

Liebeläutend zieht durch Kerzenhelle,
mild, wie Wälderduft, die Weihnachtszeit,
und ein schlichtes Glück streut auf die Schwelle
schöne Blumen der Vergangenheit.
Hand schmiegt sich an Hand im engen Kreise,
und das alte Lied von Gott und Christ
bebt durch Seelen und verkündet leise,
dass die kleinste Welt die größte ist.

Joachim Ringelnatz

Wunderweiße Nächte

Es gibt so wunderweiße Nächte,
drin alle Dinge Silber sind.
Da schimmert mancher Stern so lind,
als ob er fromme Hirten brächte
zu einem neuen Jesuskind.

Weit wie mit dichtem Demantstaube
bestreut erscheinen Flur und Flut,
und in den Herzen, traumgemut,
steigt ein kapellenloser Glaube,
der leise seine Wunder tut.

Rainer Maria Rilke

Weihnachten

Markt und Straßen stehn verlassen,
Still erleuchtet jedes Haus,
Sinnend geh ich durch die Gassen,
Alles sieht so festlich aus.

An den Fenstern haben Frauen
Buntes Spielzeug fromm geschmückt,
Tausend Kindlein stehn und schauen,
Sind so wunderstill beglückt.

Und ich wandre aus den Mauern
Bis hinaus ins freie Feld,
Hehres Glänzen, heilges Schauern!
Wie so weit und still die Welt!

Sterne hoch die Kreise schlingen,
Aus des Schnees Einsamkeit
Steigt's wie wunderbares Singen –
O du gnadenreiche Zeit!

Joseph Freiherr von Eichendorff

Segensgebete

Advent

Die stillen Wunder feiern

Möge die Liebe Gottes wie eine Kerze
in deinem Herzen brennen – leuchtend und wärmend.
Mögest du dir Zeit nehmen, die stillen Wunder zu feiern,
die in der lauten Welt keine Bewunderer haben.
Ich wünsche dir die Muße zum Innehalten,
auf dass du Kraft sammeln mögest für jeden neuen Tag.

Peter Neysters

Ein Stück des Himmels

Der Gott der Welten führe uns durch diese Zeit
und begleite uns auf unserem adventlichen Weg.
Er selbst reiße uns ein Stück des Himmels auf
und schenke uns die Gewissheit seiner Ewigkeit.
Er sende uns mit seinen Engeln
seine guten und stärkenden Gedanken
und gebe uns festen Boden unter die Füße.
Sein Licht gehe uns voran.

Stefan Wahl

▨ Weihnachten

Du Gott der Weihnachtsgeschichte!
Lass mich wie Maria
die Kraft des Heiligen Geistes erfahren,
um zu bewältigen, was mir aufgetragen ist.
Lass mich wie Josef anderen beistehen,
wenn sie mich brauchen.
Lass mich wie Elisabeth
Freundschaft anbieten und Segen weitergeben.
Lass mich wie der Wirt
Andere ernst nehmen und das Unmögliche möglich machen
für die, die es nötig haben.
Lass mich wie die Hirten
spontan aufbrechen zu dem Ort der Gemeinschaft,
der Liebe und Wärme ausstrahlt.
Lass mich wie die Weisen aus dem Morgenland
den Menschen Achtung und Geschenke entgegenbringen.
Lass mich wie Jesus die Menschen lieben,
mit denen ich zu tun habe.
Amen.

Gisela Schmidt

Möge in
dieser heiligen Nacht
der Friede
dein erster Gast sein,
und möge das Licht
der Weihnachtskerzen
dem Glück den Weg weisen
zu deinem Haus.

Aus Irland

Aus der Kraft von Bethlehem leben
das göttliche Kind in mir entdecken
in meinen Fähigkeiten
in meinem inneren Feuer
in meiner Lebensaufgabe

Aus der Kraft von Bethlehem leben
den Stall in mir entdecken
in meinen dunklen Seiten
in meinen Grenzen
in meiner Verwandlungskraft

Aus der Kraft von Bethlehem leben
die Krippe in mir entdecken
die heilsame Leere
den heiligen Raum in mir
der durch Gott erfüllt wird

Aus der Kraft von Bethlehem leben
die Weggefährtenschaft schätzen
den Aufbruch vieler Menschen guten Willens
die am Rand die Mitte erkennen

Aus der Kraft von Bethlehem leben
die Engel im Alltäglichen erfahren
in der zärtlichen Geste
im Mut zum Widerstand

Aus der Kraft von Bethlehem leben
Brot und Wein teilen
tiefste verbindende Sehnsucht:
Ich bin der ich da sein werde.

Pierre Stutz

Jahreswende

Ein Jahr der Güte

Wir bitten, Gott, um deinen Segen:
ein Jahr der Güte soll es sein
und ein Jahr der Geduld, das du uns schenkst.
Ein Jahr der Zuversicht soll es sein für unsere Pläne und Wünsche,
damit wir mutig voranschreiten können.
Ein Jahr der Wahrheit und der Wirklichkeit soll es sein,
dass wir uns nicht in gefährlichen Vorstellungen verirren.
Ein Jahr der Wachheit und der Achtsamkeit soll es sein,
damit wir nicht falschen Göttern nachjagen.

Roland Breitenbach

Zum neuen Jahr

Immer soll es Arbeit geben für deine Hände,
immer sollen ein oder zwei Münzen in deiner Tasche sein.
Die Sonne scheine durch dein Fenster
und jedem Regen folge ein Regenbogen.
Gotte fülle dein Herz mit Freude und
schenke dir Mut und Trost.

Aus Irland

Er lasse gelingen, was gut ist

Gott segne das neue Jahr für dich.
Er segne deinen Winter und deinen Frühling,
deinen Sommer und deinen Herbst.
Er segne deine Pläne und lasse gelingen,
was gut ist für dich und andere.
Er segne deine guten Vorsätze und helfe dir,
sie in die Tat umzusetzen.
Er schenke dir genügend Arbeit
und Zeit und Muße zum Ausruhen.
Er schenke dir Menschen, die dir zur Seite stehe,
wenn die Tage schwer werden,
und die sich mit dir freuen,
wenn du glücklich bist.
Gott segne dieses neue Jahr für dich
und lasse dich zum Segen werden.

Rainer Haak

Abkürzungen

A   Alle beten oder singen gemeinsam.

GL   Gotteslob. Katholisches Gebet- und Gesangbuch, Freiburg 2013.

EH   Erdentöne – Himmelsklang. Neue Geistliche Lieder, Diözese Rottenburg-Stuttgart (Hrsg.), Ostfildern 2004.

KiFaG   Dir sing ich mein Lied. Das Kinder- und Familiengesangbuch, Amt für Kirchenmusik der Diözese Rottenburg-Stuttgart (Hrsg.), Ostfildern 2006.

Literaturtipps

Adalbert L. Balling, Im Licht der Heiligen Nacht. Geschichten, Erinnerungen, Gedanken zur Advents- und Weihnachtszeit, Freiburg im Breisgau 2002.

Marcus C. Leitschuh (Hg.), Das große Werkbuch Advent und Weihnachten. Neue Ideen und Modelle für Gottesdienste und Gemeinde, Freiburg im Breisgau 2009.

Elfi Eichhorn-Kösler/Bernhard Kraus, Advents- und Weihnachtsfeiern mit Senioren, Freiburg im Breisgau 2008.

Guido Fuchs, Unsere Weihnachtslieder und ihre Geschichte, Freiburg im Breisgau 2009.

Christa Spilling-Nöker, Die schönsten Seiten des Lebens. Das Familienhausbuch für das ganze Jahr, Freiburg im Breisgau 2011.

Wir singen die schönsten Weihnachtslieder, Freiburg im Breisgau 2008.

Herbert Jung, Das große Buch der Segensgebete, Freiburg im Breisgau 2013.

Das große Hausbuch. Brauchtum, Fest und Freude in der christlichen Familie, Stuttgart 1991.

Quellenverzeichnis

Texte:

S. 31, Herbert Jung, Tau von oben, aus: Ders., Gesegnet sollst du sein, Segensgebete für Seelsorge und Gottesdienst, © Verlag Herder, Freiburg im Breisgau 2001

S. 48/49, Doris Bewernitz, Das Krippenhuhn, aus: Angelika Büchelin (Hg.), Das Krippenhuhn und andere Weihnachtsgeschichten, Verlag am Eschbach 2007, Eschbach, © Rechte bei der Urheberin

S. 54, Christa Spilling-Nöker, Die Legende von dem ersten Honigküchlein, aus: Dies., Die schönsten Seiten des Lebens. Das Familienhausbuch für das ganze Jahr, © Verlag Herder GmbH, Freiburg im Breisgau 2011

S. 61, Gedanken zur Bibelstelle von Franz Kamphaus, aus: Franz Kamphaus/ Ulrich Schütz (Hg.), Hinter Jesus her. Anstöße zur Nachfolge, HERDER spektrum Bd. 6303, © Verlag Herder GmbH, Freiburg im Breisgau 2010

S. 85, Karl Rahner, Folgen wir dem Stern, aus: Das große Hausbuch. Brauchtum, Fest und Freude in der christlichen Familie, © Kreuz Verlag, Stuttgart 1991

S. 89, Christa Spilling-Nöker, Rezept für den Dreikönigskuchen, aus: Dies., Die schönsten Seiten des Lebens. Das Familienhausbuch für das ganze Jahr, © Verlag Herder GmbH, Freiburg im Breisgau 2011

S. 97, Dietrich Bonhoeffer, Eine Gefängniszelle, aus: Ders., Widerstand und Ergebung, © 1998, Gütersloher Verlagshaus, Gütersloh, in der Verlagsgruppe Random House GmbH

S. 97, Edith Stein, Gott wird ein Mensch, © Karmelitinnenkloster Maria vom Frieden, Köln

Lieder:

S. 28, Du bist da, wo Menschen leben, T u. M von: Detlev Jöcker, aus: Detlev Jöckers 40 schönste religiöse Kinderlieder, © Menschenkinder Verlag u. Vertrieb GmbH, Münster

S. 32, Ein Stall, eine Krippe, Dt. T.: Stefan Werner, M: nach »Away in a manager«, W. J. Kirkpatrick, 1895, © Dt. T.: Rechte beim Urheber

S. 51/52, Oh, es riecht gut, oh, es riecht fein, T u. M von: Christel Ulbrich, © Rechte beim Rechtsnachfolger

S. 86, Mir ist ein Licht aufgegangen, T: Reinhard Bäcker, M: Detlev Jöcker, aus: Detlev Jöckers 40 schönste religiöse Kinderlieder, © Menschenkinder Verlag u. Vertrieb GmbH, Münster

Bildnachweis

Alle Bilder: © Stefan Weigand